INITIATION À LA NÉGOCIATION COLLECTIVE

Jean Sexton

INITIATION À LA
NÉGOCIATION COLLECTIVE

LES PRESSES DE L'UNIVERSITÉ LAVAL

Les Presses de l'Université Laval reçoivent chaque année de la Société de développement des entreprises culturelles du Québec une aide financière pour l'ensemble de leur programme de publication.

Nous reconnaissons l'aide financière du gouvernement du Canada par l'entremise du Programme d'aide au développement de l'industrie de l'édition pour nos activités d'édition.

Nous remercions le Conseil des Arts du Canada de l'aide accordée à notre programme de publication.

Couverture : Chantal Santerre
Mise en pages : Mariette Montambault

* Le masculin est utilisé sans discrimination.

ISBN 2-7637-7840-2

Les Presses de l'Université Laval
Pavillon Maurice-Pollack, bureau 3103
Cité universitaire, Sainte-Foy (Québec) G1K 7P4
Tél. (418) 656-2803 – Téléc. (418) 656-3305

Distribution de livre UNIVERS
845, rue Marie-Victorin
Saint-Nicolas (Québec)
Canada G7A 3S8
Tél. (418) 831-7474 ou 1 800 859-7474
Téléc. (418) 831-4021

À Claudine et Jean-Thomas,
Alex et Charles
avec qui je négocie
depuis longtemps.

TABLE DES MATIÈRES

Liste des tableaux et graphiques

AVANT-PROPOS

Mon collègue, professeur, directeur de thèse de maîtrise et surtout mon ami Gérard Dion, cofondateur du Département des relations industrielles de l'Université Laval et de la revue *Relations industrielles/Industrial Relations*, m'a déjà suggéré qu'il fallait être fou pour tenter d'écrire un livre d'initiation à la négociation collective, ce genre d'ouvrage n'existant simplement pas. Maintenant, je sais que ce vieil ami, décédé en 1990, avait raison.

Certes, il y a des manuels, des traités et même des encyclopédies sur le sujet. Mais il n'existe dans aucune langue, à notre connaissance, de livre consacré à l'initiation à la négociation collective. Il peut alors être fort prétentieux d'avoir tenté l'expérience. C'est donc en toute humilité, comme le suggère le mot même d'initiation, que je vous présente le présent ouvrage.

Plusieurs personnes m'ont soutenu et encouragé dans ce travail. D'abord mon ami Gilles Laflamme, professeur et directeur du Département des relations industrielles de l'Université Laval. Gilles et moi enseignons le cours de base de « négociation collective » au département depuis déjà plusieurs années. Comme collègue professeur, Gilles a toujours su, dans son style propre, apporter les nuances et les prudences nécessaires à l'enseignement que nous avons assumé sur le sujet. Comme directeur, il a toujours soutenu mon projet dès lors que je lui ai présenté. Je lui dois beaucoup.

Aux étudiants qui ont eu à m'endurer ces quelque trente dernières années, je dois être reconnaissant de toutes ces critiques positives et négatives qu'ils m'ont exprimées par leurs évaluations écrites qu'ils n'aiment pourtant pas compléter. Leurs suggestions m'ont guidé.

Le sentier de l'écriture ne doit pas être parcouru seul. Cela serait très dangereux, les égarements étant trop faciles. J'ai eu mes « Boileau » à qui j'ai demandé d'être à la fois impitoyables et quand même gentils. Ils l'ont été.

Merci à Gilles Laflamme pour ses remarques constructives dont j'ai profité. Son approche sociologique à la négociation collective et son expérience pratique en ce domaine m'ont fourni un complément utile, voire nécessaire.

Je suis plus que reconnaissant envers ma frangine de cœur, Louise Marchand, vice-présidente de la Chambre de commerce du Québec, dont l'approche au sujet a été très pédagogique et dont la connaissance de la langue française est à la fois rarissime et sans aucune forme de prétention ni accent. Sans compter en outre sur sa disponibilité digne des plus grands mariages d'idées.

Merci également à Denis Bélanger, Rimouskois maintenant retraité actif, dont l'expérience de toute une vie en relations du travail a aiguisé le sens critique. Son art de la nuance emporte beaucoup d'avantages. Il a souvent fait mouche sur des versions antérieures de ce manuscrit.

Serge Grégoire, conseiller syndical à la Fédération de la santé et des services sociaux (CSN), a trouvé le temps de lire et relire mon projet. Il a su formuler avec toute son expérience des critiques et suggestions fort à propos. Je lui suis très reconnaissant.

Jean-Noël Grenier, étudiant au doctorat en relations industrielles à l'Université Laval et chargé de cours apprécié au même département, m'a fait profiter du sens critique propre à celui qui est, on ne peut plus, au parfum du domaine. Je n'oublierai pas sa contribution utile au présent travail.

Finalement, et sûrement pas le moindre remerciement, mon épouse Claudine Leclerc, ma collègue de travail et surtout mon amie, m'a été d'une aide inestimable. Son soutien, son encouragement et ses suggestions m'ont été d'un vent plus que favorable. Sa connaissance et son expérience du domaine ainsi que de celui du droit et ses nombreuses années vécues à l'édition de la revue *Relations industrielles/Industrial Relations* en ont fait une critique objective et sévère, j'oserais dire sans pitié. Sans compter qu'elle a dû, comme d'habitude, m'endurer.

Évidemment, malgré la complicité de tous mes « Boileau », je demeure seul responsable du présent texte et des erreurs qu'il contient.

JEAN SEXTON
9 juillet 2001

INTRODUCTION

*La négociation organise l'accord
autant qu'elle gère le désaccord.*

Christian Thuderoz

La négociation collective, tant comme institution que comme processus, est au cœur des relations du travail, donc des relations industrielles. Pour en permettre la meilleure compréhension possible, il importe, bien avant l'étude de techniques ou de méthodes, d'en contrôler les premiers éléments, c'est-à-dire de s'y initier.

C'est là l'objectif de cet ouvrage : présenter les premiers éléments, les valeurs, les principes de base, les postulats et les principales composantes de la négociation collective pour en comprendre la nature et le rôle.

Pour ce faire, nous proposons une initiation à la négociation collective en sept temps.

Nous commençons cette initiation en nous arrêtant à la négociation comme processus humain de base, comme activité humaine normale, courante et naturelle dans tout groupe ou société (chapitre I). Ainsi seront développés une définition de la négociation, les corollaires qui en découlent et l'identification de l'importance de la négociation dans l'activité humaine.

Suivront ensuite la présentation de la négociation collective et ses principales caractéristiques (chapitre II). L'origine et la définition de la négociation collective précèdent l'étude de ses principaux piliers, de ses objectifs et de son rôle régulateur.

Point central de la négociation collective, la notion de pouvoir de négociation se situe dans les préalables à la compréhension de la négociation collective. C'est le chapitre III. Ce chapitre définit d'abord la notion de pouvoir de négociation pour ensuite en répertorier les déterminants et le rôle dans le processus de négociation. Nous y présentons alors quelques modèles d'estimation du pouvoir de négociation pour enfin aboutir à la présentation de notre modèle synthèse d'estimation du pouvoir de négociation.

Le niveau où se situe la négociation collective et l'étendue de ce qu'elle couvre constituent des notions clefs. C'est le chapitre IV consacré aux structures de négociation. Ce chapitre s'attarde aux types de structures de négociation, aux avantages et inconvénients de chacun.

Suit, naturellement, l'étude des stratégies et tactiques en négociation collective (chapitre V). Après avoir défini et différencié stratégies et tactiques, nous présentons quelques leçons eu égard au choix de stratégies et tirons quelques enseignements quant aux types de tactiques possibles. Nous terminons ce chapitre par l'étude des principaux comportements en négociation.

Pouvoir de négociation, structures de négociation et stratégies et tactiques de négociation ne sont pas des notions statiques et indépendantes les unes des autres. Chacune n'a de sens, dans le processus de négociation, que si nous la comprenons en relation avec les deux autres. C'est ce que nous appelons l'inévitable trilogie de la négociation collective. Le chapitre VI y est consacré.

Faute d'en arriver à une entente, les parties recourent régulièrement à des tiers dont l'intervention peut être aidante ou facilitante – ce sont la conciliation et la médiation – ou qui constituent un substitut à la négociation collective – c'est l'arbitrage des différends. Le chapitre VII est consacré à la présentation de ces méthodes de résolution des conflits.

Vu son environnement, et ses caractéristiques propres, la négociation collective connaît des contraintes et des limites. C'est l'objet du chapitre VIII.

Le présent ouvrage est alors un travail d'initiation insistant uniquement sur les premiers éléments de la négociation collective. Il comporte plusieurs limites. D'abord, il ne se concentre que sur le secteur privé, le secteur public représentant une autre réalité. En effet, les relations du travail dans le secteur privé sont surtout économiques, alors qu'elles sont surtout politiques dans le secteur public. Ce dernier sujet exigerait un livre distinct.

Ensuite, ce n'est pas dans cet ouvrage qu'une personne apprendra comment devenir un bon négociateur. De tels livres de recettes sont légion et leur efficacité est plutôt douteuse. Nous nous consacrons, rappelons-le, aux préalables à l'exercice même de la négociation.

Nous nous en tenons donc aux principes de base permettant une meilleure compréhension de la nature même de la négociation collective, de sa portée et de ses principales composantes. C'est pourquoi nous mettons volontairement beaucoup d'insistance, dans les lignes qui suivent, sur la définition des termes utilisés et sur leur portée.

Comme corollaire de ce qui précède, nous avons évacué l'examen minutieux du déroulement de la négociation collective, de ses techniques et de ses styles. Nous voulons obstinément en demeurer aux préalables.

Que le présent ouvrage soit un travail d'initiation a des implications. Chaque partie et même sous-partie de ce livre pourrait facilement faire l'objet d'un ouvrage en soi. Compte tenu de notre perspective, il a fallu faire des choix et nous restreindre. Cela a été, à maintes occasions, difficile, voire déchirant. Mais qui trop embrasse mal étreint.

C'est pourquoi, à la fin de chaque chapitre, nous avons cru utile, d'une part, de poser un certain nombre de questions pour permettre de vérifier la maîtrise du sujet. D'autre part, pour permettre l'étude plus poussée d'un sujet donné à chacun de ces chapitres, nous proposons un certain nombre de lectures. Ces propositions sont certes plus indicatives qu'exhaustives.

CHAPITRE I

La négociation : un processus humain de base

> *Négocier, c'est donc simplement assumer la vie quotidiennement.*
>
> Pierre LEBEL

ous négocions tous et il n'est aucunement hasardeux d'affirmer que nous avons tous de l'expérience dans ce domaine. Pourtant, il existe un mythe autour de ce processus qu'est la négociation. Pour plusieurs, négocier est l'apanage de peu de gens qu'on qualifie spontanément de spécialistes, qu'on craint et envers qui le niveau de confiance n'est pas toujours très élevé.

On ne peut pas s'initier au phénomène de la négociation collective sans démythifier ce processus même de la négociation. C'est ce que vise ce premier chapitre. Pour ce faire, nous présenterons d'abord la négociation comme un processus naturel. Ainsi, après avoir examiné les manifestations naturelles de la négociation, nous posons la question suivante : pourquoi négocie-t-on ? Suivront ensuite la présentation de la notion de pouvoir et son importance dans toute négociation et, finalement, les corollaires de la négociation. Il nous faudra alors définir le concept de négociation, en dégager les composantes et leurs corollaires et situer l'importance de la négociation dans l'activité humaine.

LA NÉGOCIATION : UN PROCESSUS NATUREL

Manifestations naturelles de la négociation

La nature humaine force la négociation tant dans la vie des personnes que dans l'organisation sociale parce qu'inévitablement il y a des désaccords entre individus qui surgiront dans la vie de tous les jours. Sans désaccord, il ne saurait y avoir de négociation. Et ces désaccords sont inévitables parce que, tant pour les personnes que pour les organisations, les besoins et les désirs sont illimités, souvent concurrentiels, et les moyens ou ressources pour les satisfaire sont limités ou simplement inexistants.

Ainsi, devant tels désaccords ou insatisfactions, des tensions surgiront, amenant les gens tout naturellement à tenter de maximiser leur bien-être. Devant tels désaccords ou problèmes, l'individu a alors deux choix fondamentaux : soit d'éliminer le désaccord ou le problème (par exemple, en fermant l'entreprise), soit de trouver une solution optimale. C'est dans ce second choix que se situe la négociation.

Le mot « négociation » cependant réfère à plusieurs réalités (Lebel, 1984). L'automobiliste négocie un virage, c'est-à-dire qu'il joue avec la relation d'arbitrage vitesse-accident. L'*homo-economicus* négocie le prix d'un produit ou d'un service. L'enfant, dès le berceau, manifeste, quelquefois bruyamment, ses désaccords et négocie un biberon, une caresse, un changement hygiénique, etc. En vieillissant, l'enfant négocie permissions, allocations et autres avec ses parents pour ensuite apprendre à négocier avec ses amis, professeurs, moniteurs et autres. Dans sa vie adulte, l'individu négocie avec conjoint, conjointe, amis, amies, institutions, gouvernement, collègues de travail, etc.

En somme, la vie est négociation continuelle sur une panoplie de sujets où nécessairement il y a désaccords, divergences, mésententes. Lebel (1984, p. 13) résume bien ce point de vue :

> Il semble que la négociation soit le fait de tous les âges, de toutes les catégories sociales et de toutes les civilisations et que ce soit un acte quotidien enseigné par l'usage ou acquis naturellement comme la respiration ou la marche.

Résumons ce qui précède :

- La négociation ne peut exister que lorsqu'il y a désaccord avec une autre personne. Il faut être au moins deux pour négocier.

- Le recours à tel processus qu'est la négociation face à un désaccord est parfaitement naturel chez l'humain. La négociation, en somme, tient du réflexe humain.

Certes, les objets de négociation, les façons de négocier et l'ampleur de la négociation peuvent être et même sont très variables. Mais, tout naturellement, tout désaccord entre deux ou plusieurs personnes signifie qu'il y a écart entre leurs positions. L'objectif consiste alors à réduire cet écart jusqu'au point où la satisfaction relative de chacun sera égale à celle de l'autre ou des autres. C'est ici qu'entre en ligne de compte la notion de pouvoir et de compromis dont nous traitons plus loin.

Tout naturellement alors, de la même façon que la négociation découle de la nature humaine, le compromis découle de cette nécessité relative de régler un désaccord pour pouvoir continuer, sinon à vivre en harmonie, du moins à cohabiter.

Il ne peut pas y avoir de négociation sans compromis. Négocier n'est pas synonyme de capituler. Nous y reviendrons.

Reposons alors la question : pourquoi négocier ?

Pourquoi négocie-t-on ?

Décider de négocier, c'est, en corollaire, décider de ne pas avoir recours à la violence brute à la place de la négociation ou à l'imposition d'une solution par un tiers. Alors pourquoi décider de négocier ? Thuderoz (2000) consacre son excellent ouvrage à répondre à cette question.

On négocie parce que :

1. Le coût économique, psychologique et social de la négociation est jugé inférieur à celui du recours à d'autres formes de solution de litige, à la force ou à l'adjudication par un tiers, alors que les résultats sont jugés identiques ou que les enjeux ne valent pas ou plus la peine de s'y engager ou, dans le cas d'enjeux considérables, que le recours à la force susciterait une escalade aux effets non prévisibles.

2. Les rapports de force sont fluctuants et dynamiques. Un adversaire écrasé cherchera inévitablement à se venger. Ainsi, même après une longue période d'asymétrie dans les rapports de force, un certain équilibre s'installe, rendant la victoire incertaine ou de coût trop élevé. Alors, lorsque les rapports de force s'équilibrent, la négociation s'instaure.

3. Il y a interdépendance entre les protagonistes. Chacun a besoin de l'autre au quotidien, même si les objectifs de chacun diffèrent de ceux des autres. C'est fondamentalement le cas en relations du travail où employeurs et salariés (et leurs organisations) vivent dans une interdépendance fonctionnelle. Chacune des deux parties poursuivant des objectifs différents : l'efficacité ou l'accumulation de capital pour les uns et la sécurité et l'équité pour les autres. Tel état amène

donc inévitablement la gestion conjointe des désaccords pour permettre à chacun d'atteindre le plus possible ses objectifs dans l'inévitable contexte du compromis.

4. Cela est ici d'autant plus vrai que, lorsqu'il y a poursuite d'objectifs différents dans un contexte d'interdépendance, les désaccords ou les conflits sont inévitables. À cet égard, Hébert (1992, p. 9) rappelle : « Enfin, pour qu'il y ait négociation collective, il faut à la fois une "divergence et une convergence d'intérêts" chez les parties ».

5. Négocier est une norme sociale. On marchande les prix des services et produits et on discute amplement, à tous les niveaux, l'établissement de règles, de normes et de lois. En somme, la négociation, surtout en milieu de travail, est l'extension naturelle et logique des principes démocratiques qui gouvernent nos sociétés. Habitués à participer à leur gouvernement par leur droit de vote et par les pratiques de consultation, les individus au travail veulent également y avoir voix tant dans l'établissement de leur prix (marchandage) que dans la détermination de leurs autres conditions de travail (les règles). En régime démocratique, où les valeurs sont profondément ancrées, les gens veulent naturellement participer à leur devenir.

6. Contrairement à ses substituts, la négociation peut procurer un avantage mutuel aux parties, surtout dans le contexte de survie pour les deux. C'est dans ce dernier contexte que, historiquement, on a assisté à l'avènement de la négociation dite de concessions et, plus récemment, à la négociation, hélas étiquetée de « raisonnée ». Ce que les modes ou les mots peuvent faire... Il est difficile de négocier sans raisonner !

7. Les parties à la négociation, quelles qu'elles soient, sont libres d'appliquer la règle négociée comme elles le veulent et même de la modifier au besoin. C'est ce qu'on appelle la liberté des parties, sous réserve de certaines objections bureaucratiques en certaines circonstances.

8. En matière de travail, vu la nature même des syndicats, la négociation devient le moyen privilégié de droit de cité. En effet, la double fonction du syndicat appelle celui-ci à être à la fois agent de négociation pour ses membres et agent de transformation sociale. Admettre la négociation par l'intervention de tiers représente, en principe, pour tout syndicat, de nier sa propre nature. Cela est démontré par le faible taux de recours volontaire à l'arbitrage des différends. Nous y reviendrons.

Donc, non seulement la négociation est-elle un phénomène humain normal, mais les raisons pour y recourir sont multiples et, au fond, fort évidentes et naturelles.

Importance de la notion de pouvoir de négociation

Voici un sujet fondamental sur lequel nous consacrons, plus avant dans cet ouvrage, un chapitre complet. La notion de pouvoir est au cœur même du processus de négociation. Le pouvoir de négociation est l'essence de la négociation (Rojot, 1994).

Cependant, à ce stade-ci, il importe d'y référer pour souligner qu'il est de l'étude même de toute négociation, l'examen du pouvoir de négociation ou de ce qu'on appelle souvent le rapport de force.

Cette notion de pouvoir de négociation non seulement est intrinsèque à l'étude de la négociation elle-même, mais elle guide l'opérationalisation de ce processus à un point tel qu'il fait partie ce que nous appelons la trilogie de la négociation : pouvoir, structures et stratégies de négociation.

Si la notion de pouvoir de négociation est importante, c'est qu'essentiellement toute partie à une négociation réussira à atteindre ses objectifs dans la mesure où l'autre partie y consentira. Et cette capacité de convaincre l'autre dépendra non seulement d'une série de facteurs, mais ceux-ci varieront nécessairement dans le temps et dans l'espace.

Toute étude du processus de négociation doit donc passer par l'examen de la notion de pouvoir de négociation et de son opérationalisation cas par cas.

Par exemple, on comprendra facilement qu'une personne essentielle à un lieu et à un moment donné aura plus de pouvoir d'imposer son prix et ses règles que celle qui ne l'est pas. Pensons au médecin en cas d'urgence, au plombier en cas de troubles graves à la maison, au joueur vedette d'une équipe professionnelle de sport, etc.

Cela signifie que la notion de pouvoir de négociation ne s'opérationalise pas dans un vacuum. Elle dépendra pour ses modalités d'application et pour ses résultats de la force relative de chacune des deux parties, cette force pouvant être variable dans le temps et dans les faits, rappelons-le. En outre, le pouvoir de négociation est relatif (Rojot, 1994), c'est-à-dire qu'il n'existe pas en lui-même, ni seul. Il est relatif à tout ce que contient la relation de négociation et à ce qui l'entoure.

Cette notion de pouvoir de négociation reçoit plusieurs acceptions. La plus répandue se résume comme suit : le pouvoir de négociation d'une partie consiste au premier chef en sa capacité d'imposer ses idées à l'autre.

Telle conception est, selon nous, dépassée, car, alors, il ne s'agit plus de négociation, mais d'imposition. La réalité ne confirme simplement pas cette approche, car imposition n'est pas négociation.

Plutôt, nous croyons que le pouvoir de négociation consiste en cette capacité pour l'une des parties d'amener l'autre à sa position. Par arguments, stratégies et preuves, convaincre l'autre qu'il aurait avantage à adopter notre position. Nous prétendons que cette approche est aussi naturelle que l'est la négociation elle-même à l'être humain.

Ainsi, nul n'aime se faire imposer des choses, se faire crier à la tête ou se faire démontrer jusqu'à quel point il est imbécile. Au contraire, on acceptera de disserter, d'examiner la force relative des arguments respectifs et, ensemble, d'en venir à imaginer ou à opérationaliser une solution donnée.

Les exemples à cet égard sont nombreux et tiennent du simple comportement humain. Nul n'aime se faire dire quoi faire d'une manière militaire ou imposée. Cependant, nous ferons exactement la même chose si l'autre partie nous y amène, si elle nous convainc que cela est à notre avantage d'agir ainsi. De sorte que le pouvoir de négociation n'est pas cette force qu'on a d'imposer sa vue à l'autre, mais plutôt cette force qu'on a d'amener l'autre à notre position.

Cette approche est d'autant plus importante en milieu de travail qu'on doive y vivre quotidiennement sans rancune et sans désir de vengeance. La participation ou la perception de la participation à la détermination des règles en vigueur deviennent alors excessivement importantes.

Donc, on ne peut pas parler de négociation sans référer nécessairement à la notion de pouvoir de négociation. Puisqu'il s'agit d'une relation à deux ou à plusieurs, la première question fondamentale devient : qui a le plus de force dans les circonstances ? Qui est le plus nécessaire ?

Et cette notion, comme nous le verrons plus loin, dirige tout cet exercice humain qu'est la négociation.

Les corollaires de la négociation

De ce qui précède, un certain nombre de corollaires se dégagent déjà :

1. Toute négociation est un processus profondément humain, donc sujet à erreur, à stratégies, etc.

2. Toute négociation doit se faire dans le respect de l'autre ou des autres.

3. Toute négociation peut voir son résultat sujet à révision puisque la vie elle-même traîne ses changements.

4. Le résultat de toute négociation dépend essentiellement du pouvoir relatif ou du rapport relatif de force entre les parties négociantes.

En examinant plus à fond, un peu plus loin, la définition même de la négociation, d'autres corollaires seront déduits. Qu'il suffise pour le moment de conclure cette section en rappelant que la négociation en contexte humain est inévitable vu la présence d'intérêts divergents, qu'elle s'exprime de façon différente selon les circonstances, qu'en certains milieux, dont celui du travail, les désaccords sont inévitables, que le recours à la négociation est un corollaire du vieux principe démocratique de participer à notre devenir et que la notion centrale du processus de négociation est celle de pouvoir, c'est-à-dire cette capacité qu'a une partie d'amener l'autre à sa position.

Donc, la négociation est un processus naturel à l'être humain, dans tout contexte d'interrelation et encore plus d'interdépendance.

Reste maintenant à mieux comprendre ce qu'est la négociation, ses composantes et ses corollaires.

DÉFINITION DE LA NÉGOCIATION

De toutes les définitions de « négociation », celle de Gérard Dion (1986, p. 309) nous paraît la plus universelle. Il définit « négociation » de la façon suivante :

> Processus par lequel des personnes ou des groupes possédant des intérêts divergents entrent en pourparlers, parfois accompagnés de pressions, afin d'en arriver à un accord qui leur sera mutuellement bénéfique dans le règlement d'une affaire.

Reprenons les principales composantes de cette définition pour en dégager les principaux corollaires.

Processus

La négociation est un ensemble de phénomènes, conçus comme actifs et organisés dans le temps. Une négociation doit donc, pour être réussie, être organisée. Découle alors comme premier corollaire que toute organisation d'une négociation commence par la préparation, par l'élaboration d'un dossier tant sur le fond que sur l'approche, l'évaluation du pouvoir relatif des parties en présence, la stratégie et les tactiques à adopter. Évidemment, l'ampleur du dossier de préparation variera d'une négociation à l'autre. Mais ce corollaire s'applique tant à la vente d'une automobile qu'à la fusion d'entreprises, à la négociation politique, au renouvellement d'une convention collective, etc.

Par lequel des personnes ou des groupes

De toute évidence, on ne négocie pas avec soi-même. La négociation implique donc au moins deux personnes ou deux groupes. De cela, découlent au moins cinq autres corollaires.

Le second corollaire, quoiqu'en apparence évident, est d'une importance fondamentale. Les attitudes, les comportements et les requêtes de chacune des parties en négociation doivent être tels qu'ils entraînent le respect de l'autre et qu'ils ne minent pas sa crédibilité. En effet, on ne négociera pas avec une autre partie qu'on ne respecte pas et qu'on ne croit pas. Des comportements arrogants, belliqueux, menaçants ou insultants n'emportent pas plus le respect et la crédibilité que des positions nettement exagérées. Ce n'est certes pas en criant ou en insultant l'autre, ni en demandant la Lune qu'on sera plus écouté, cru ou convaincant.

Ensuite, comme troisième corollaire, même en contexte d'autogestion ou de cogestion, les personnes salariées ne négocient pas avec elles-mêmes puisque, dans toute entreprise autogérée ou cogérée, les personnes salariées regroupées dans une unité de négociation négocient avec les administrateurs de l'entreprise qui détiennent l'autorité.

Ensuite, il faut se rendre compte que, dans le cas de la négociation entre différents groupes, il y a nécessairement d'abord négociation à l'intérieur de chacun des groupes avant la négociation intergroupe. C'est le quatrième corollaire. Très souvent, la négociation intragroupe pourra même être plus difficile que la négociation intergroupe. Pour illustrer cette négociation à l'intérieur de chacun des groupes, pensons à la négociation du renouvellement des conventions collectives dans le secteur industriel de l'industrie québécoise de la construction. Le côté patronal y est représenté par l'Association de la construction du Québec (ACQ) et la majorité syndicale est représentée par le Conseil conjoint de la Fédération des travailleurs du Québec et du Conseil provincial du Québec des métiers de la construction (International). Il est clair qu'avant même qu'il y ait négociation formelle entre ces deux groupes, des négociations doivent être menées à l'intérieur de chaque groupe, tant pour la définition du mandat de négociation que pour les stratégies et les tactiques.

Le cinquième corollaire vise la présence de mandataires dans le processus de négociation. Conseillers juridiques, consultants, experts sont autant de personnes qui interviennent au nom d'une des parties à la négociation et ces mandataires ont parfois une influence qui leur est propre. Il est alors important de se rappeler que de tels mandataires sont extérieurs aux parties et, très souvent, ne vivront pas l'entente qu'ils ont eux-mêmes négociée. Il est également évident que la présence et le choix de ces mandataires peuvent résulter de choix stratégiques ou tactiques. Il ne faut pas oublier que tels mandataires ont un certain pouvoir eux aussi.

Le sixième corollaire ici dégagé vise l'important principe en toute négociation, celui de l'interlocuteur valable. Certes, ce sont des personnes qui négocient. Mais ces personnes qui négocient directement sont-elles celles qui décident ? L'expérience démontre qu'en toute négociation la présence d'interlocuteurs valables (entendre décideurs) des deux côtés de la table de négociation maximisera l'efficacité de la négociation. À titre d'exemple, pourquoi dans les négociations du secteur privé, les syndicats cherchent-ils à rejoindre le plus rapidement possible le président de la compagnie ou son fondé de pouvoir ? C'est là une application évidente du principe de l'interlocuteur valable, du décideur ultime. À l'inverse, le recours généralisé aux mandataires à l'occasion de négociations nuira-t-il à l'efficacité des négociations ? Il n'y a pas, à notre connaissance, de recherche empirique permettant de répondre à cette question.

Possédant des intérêts divergents

Ces intérêts se situent à deux niveaux. Les uns au niveau de la personne physique ou morale qui négocie et les autres au niveau des objectifs précis pour la négociation à venir ou en cours.

Pour ces intérêts concernant la personne physique ou morale ou encore ses objectifs, c'est le rôle même de cette personne qui nous indique le chemin qu'elle va suivre. Ainsi, un vendeur veut vendre et un acheteur veut acheter. C'est là leur objectif respectif fondamental. Mais l'objectif précis poursuivi par chacun est le prix de la transaction, le premier cherchant à le maximiser, le second à le minimiser. Au-delà du jeu de la transaction, d'autres considérations peuvent entrer en ligne de compte, par exemple, les modalités de paiement, la garantie, etc. Il est donc clair, dans un tel contexte, qu'acheteur et vendeur ont des intérêts divergents aux deux niveaux mentionnés.

Il en est de même de toute négociation. En effet, de par son essence, la négociation dérange. Il y a toujours un demandeur et un demandé. En somme, et c'est le septième corollaire, en négociation, on trouve la plupart du temps cette situation où l'un des deux vient déranger l'autre dans sa tranquillité (Lebel, 1984).

En matière de travail, non seulement y a-t-il entre l'employeur et ses salariés et leurs représentants des objectifs divergents, mais de telles divergences se situent dans un contexte d'interdépendance. La négociation est alors nécessairement balisée par la survie des parties elles-mêmes. Aller trop loin peut signifier la disparition de leur relation. Telle négociation est alors fort différente de celle caractérisant un vendeur et un acheteur d'automobile. Si le prix est inacceptable, alors le vendeur ou l'acheteur s'en va. En matière de travail, on ne quitte pas comme cela, car alors cela signifierait sa propre disparition par la faillite, le déménagement, la fusion de l'entreprise, etc.

Entrent en pourparlers

Négocier, c'est se parler, échanger, communiquer. Refuser de se parler, d'échanger, de communiquer, c'est refuser de négocier. Négocier est un processus humain de base qui se fait d'humain à humain, c'est le huitième corollaire. On ne négocie pas par ordinateur. La négociation amène inévitablement les personnes à s'engager personnellement, psychologiquement, émotivement.

L'objet de ces pourparlers, compte tenu de l'objectif même de la négociation, doit être réaliste. Négocier est certes vouloir ce que l'autre a. Mais encore faut-il qu'il l'ait. Demander l'irréaliste, dans tout contexte, mine la crédibilité de la partie demanderesse. Une estimation réaliste de ce que l'autre peut réellement donner ou consentir et de ce que l'on peut demander, en tenant compte des contraintes de l'autre, constitue un préalable aux véritables pourparlers.

Parfois accompagnés de pressions

La notion de pressions en négociation réfère à l'utilisation ou à la menace d'utilisation de moyens qui visent à faire mal à l'autre, à le déranger, à le priver de quelque chose. L'enfant qui n'a pas ce qu'il veut de ses parents pleure, hurle, boude, se retire, s'enferme dans sa chambre. Dans sa perception alors, il fait mal à ses parents, puisque dans son évaluation il les prive de sa présence et de sa bonne humeur. Plus vieux, devant l'inefficacité de ce moyen de pression, il menacera de quitter la maison !

Pour forcer l'autre à consentir de vous donner ce que l'on demande, inévitablement, on cherchera à recourir à des moyens visant à le convaincre de plier de crainte d'un mal ou d'un dérangement dont le coût économique, psychologique ou social est plus élevé que le coût de la reddition (toujours dans l'évaluation du demandeur).

Se dégagent donc ici trois autres corollaires : le neuvième corollaire veut qu'en toute négociation la pression et la menace de la pression sont inévitables. Dixièmement, la menace de pression est souvent plus efficace que la pression elle-même, quel qu'en soit le moyen. Et comme onzième corollaire, l'efficacité de la pression ou de la menace de pression dépendra du coût réel ou potentiel imposé à l'autre. Alors la pression ou la menace de pression sera d'autant plus efficace qu'il y aura perception que le coût (économique, psychologique, social, etc.) du désaccord est égal ou plus grand que le coût de l'accord.

Il n'y a aucune limite aux formes de pression qu'on peut imaginer en négociation. L'imagination humaine est sans limite. Certaines formes de pression sont plus vicieuses que d'autres et certaines sont carrément illégales. Les pressions sont donc variables et le recours inévitable à de tels moyens colore la négociation d'une teinte de chantage.

Afin d'en arriver à un accord

C'est là l'objectif de toute négociation. On négocie pour s'entendre. Si on négocie, c'est qu'*a priori* il y a ce postulat implicite qu'on a besoin de l'autre, qu'on va arriver à une entente et qu'on va conclure l'affaire. Dès lors, se dégage un principe fondamental, notre douzième corollaire : négocier n'est pas synonyme de capituler. Négocier, c'est accepter de faire un bout de chemin, de mettre de l'eau dans son vin, de donner comme on reçoit. Cela explique en partie pourquoi, dans toute négociation, on a tendance à demander plus que ce que l'on veut réellement ou à offrir moins. En agissant ainsi, on dégage une aire de négociation qui donne plus facilement à l'autre la conviction que l'on fait un bout de chemin. Mais cette aire de négociation doit demeurer dans le domaine du réalisme, sinon la crédibilité en prendra pour son rhume.

Par exemple, je veux vendre mon automobile 10 000 $. C'est le prix réel que je recherche. Alors normalement, je demanderai plus, par exemple 12 000 $ ou 15 000 $. Mais, si j'en demande 125 000 $, l'autre ne me croira certainement pas, me traitera de fou et quittera la relation de négociation. En toute négociation, il y a donc une éthique à conserver.

Qui leur sera mutuellement bénéfique

En reprenant l'exemple qui précède, si j'accepte 9 500 $ pour mon automobile, c'est que cela fait mon affaire et que cela fait également l'affaire de l'acheteur. Il est clair qu'il n'y a pas de lieu prédéterminé pour un accord en négociation. Le lieu dépendra d'un ensemble de variables tels le temps, le pouvoir, les substituts, le caractère nécessaire de l'objet de la négociation, etc.

Mais une fois l'entente atteinte, non seulement faut-il qu'elle soit bénéfique à toutes les parties à la négociation, mais elle doit également donner la conviction d'être bénéfique. C'est le treizième corollaire. Les parties à toute négociation doivent au moins être convaincues d'avoir gagné quelque chose. Ce corollaire de sauver la face est encore plus important quand les parties doivent continuer à coexister. C'est le cas en matière de travail.

Dans le règlement d'une affaire

Ce règlement ne sera pas toujours définitif. Lorsque l'on conclut une vente ou un achat, c'est là un règlement définitif. Mais une foule de règlements sont temporaires et doivent ramener les parties à négocier à nouveau. C'est le quatorzième corollaire. C'est le cas, par exemple, de la négociation d'un bail, d'une permission de sortir pour les enfants, d'une convention collective.

Dans le cas de règlement temporaire, le contenu même d'un règlement aura des incidences sur la prochaine négociation. Les circonstances changent, les désirs changent, ce qui fait que la solution à ces problèmes au temps « un » peut elle-même devenir problème au temps « deux ». En matière de travail, la négociation n'est pas définitive. Cela confère alors au processus un caractère dynamique que l'on ne peut pas nier.

CONCLUSION : LA NÉGOCIATION, UNE ACTIVITÉ HUMAINE

La négociation est donc un processus universel, historique, spontané et humain. Nous sommes tous habitués à négocier et nous en avons l'expérience. Cependant, nous n'en avons pas toujours conscience et nous ne prenons pas toujours le temps de planifier, d'organiser, de préparer, de systématiser les négociations que nous menons.

Négocier n'est donc pas d'imposer ses choix à l'autre. C'est plutôt amener l'autre à notre propre position réelle. Cela fait un monde de différences en approche, en contenu et en stratégie.

Les négociations vont également prendre des allures différentes selon les contextes, les milieux, les personnes. Le processus de négociation doit être adapté à l'environnement. Ainsi, on ne négocie pas en Beauce comme on négocie aux îles de la Madeleine. On ne négocie pas dans la construction comme les débardeurs ou les coiffeurs négocient.

Négocier est inévitable et une négociation doit être préparée, calculée, organisée.

La négociation n'est pas seulement un mode de résolution des litiges (Thuderoz, 2000), elle est également un mécanisme efficace de prise de décision et de détermination des règles. La négociation organise l'accord autant qu'elle gère le désaccord.

Il est donc fort naturel de retrouver ce processus dans les milieux de travail. On l'appelle alors la négociation collective. Voyons, toujours de façon initiatique, ce qu'il en est.

QUESTIONS

1. En quoi la négociation est-elle un phénomène naturel ?

2. Quelles conditions doivent exister pour qu'il y ait négociation ?

3. Pourquoi négocie-t-on ?

4. Expliquez pourquoi la notion de pouvoir est si importante en négociation.

5. Définissez et expliquez ce qu'est la négociation.

LECTURES SUGGÉRÉES

- CONSTANTIN, L. (1971), *Psychologie de la négociation*, Paris, Presses universitaires de France.

- KRAMER, Roderick M. et David M. Messick (dir.) (1995), *Negotiation as a Social Process*, Thousand Oaks, Sage Publications.

- LEBEL, Pierre (1984), *L'Art de la négociation*, Paris, Les Éditions de l'Organisation.

- THUDEROZ, Christian (2000), *Négociations : essai de sociologie du lien social*, Paris, Presses universitaires de France.

CHAPITRE **11**

La négociation collective : principales caractéristiques

Toute puissance est faible à moins que d'être unie.

Jean de La Fontaine

ORIGINE DE LA NÉGOCIATION COLLECTIVE

La négociation est le corollaire de la sociabilité et de la socialisation. Et cela est vrai tant sur le plan individuel que du point de vue collectif. Sur le plan individuel, les seuls rapports entre humains amènent nécessairement des négociations. Nous l'avons vu.

Tel est également le cas du point de vue collectif. En effet, de tout temps et de tous âges, dès qu'un problème ou qu'une tension apparaît et que ceci est perçu collectivement, cela amène les gens qui ont des intérêts convergents à s'unir, à se regrouper (parfois clandestinement), pour défendre leurs points de vue de façon pacifique ou belliqueuse.

C'est là l'application historique de la maxime « l'union fait la force ». Ce phénomène de « collectivisation » se retrouve de tout temps et dans toutes les sphères de l'activité humaine. Gérard Dion (1990) nous rappelle, en citant la Genèse, que les travailleurs de Loth et d'Abraham se sont affrontés à cause d'intérêts divergents et ont forcé leurs patrons à se partager autrement leurs terres. Moïse n'a-t-il pas déclenché un vaste mouvement d'action collective lors de la construction des pyramides d'Égypte ? Et que dire de Spartacus à la tête des esclaves romains ?

L'action collective n'est donc pas récente. Elle est, elle aussi, inévitable dans la mesure où il y a perception collective de problèmes ou de tensions et que telle perception est canalisée et permet de réaliser la force du nombre (Olson, 1978).

Le domaine du travail n'est certes pas l'apanage de toutes les actions collectives, mais il en est très souvent le théâtre privilégié vu l'importance de cette activité dans la vie depuis toujours. L'industrialisation a simplement contribué à accélérer ce processus, en concentrant les problèmes en un seul lieu donné, la manufacture, et en y suscitant les perceptions individuelles d'abord et collectives ensuite. L'acuité des difficultés quotidiennes vécues et perçues par les personnes travaillant en ces milieux (santé et sécurité, bas salaires, horaires de travail, travail des enfants, etc.) les a amenées non seulement à dire non à leurs conditions de travail, mais également à s'organiser pour améliorer leur sort.

Cette organisation s'est faite en même temps, ou à peu près, que la croissance de la démocratie politique des sociétés alors concernées (Maheu, 1991). Les travailleurs, dans leurs réactions négatives à leurs conditions de vie, ont alors exprimé très clairement, et très durement parfois, leur volonté de participer, d'avoir leur mot à dire dans la détermination de leurs conditions de travail.

Pour ce faire, des travailleurs se sont regroupés en syndicats (d'abord illégalement et clandestinement) et, forts d'un réflexe à la fois de survie et de démocratie, se sont organisés pour mettre en application l'essence même de leur liberté, c'est-à-dire leur habileté à effectivement influencer leurs propres affaires (Kochan et Katz, 1988). La démocratie industrielle est alors devenue une composante essentielle de la démocratie politique, et le véhicule privilégié pour l'exprimer et l'appliquer fut appelé « négociation collective ».

Cette expression même de « négociation collective » est une traduction de l'expression anglaise *collective bargaining* prétendument introduite à la fin du XIXe siècle par deux économistes britanniques, Sydney et Beatrice Webb (1891, 1897) qui prônaient, contrairement aux économistes classiques comme Adam Smith, que le travail n'était pas une commodité comme les autres et que l'amélioration du sort des travailleurs passait, non pas par la révolution comme le soutenait Marx, mais par une évolution graduelle qui transformerait la société par la syndicalisation et, notamment, par la négociation collective. Cette expression fut reprise aux États-Unis pour y être graduellement implantée suite à son utilisation par une commission d'enquête, la U.S. Congress Industrial Commission en 1898 (Chamberlain, 1951). Traduite en français, elle commença à être utilisée couramment au Québec entre les deux grandes guerres (Hébert, 1992).

Que signifie exactement « négociation collective » ? Quels en sont les principaux piliers et les objectifs fondamentaux ? Que veut dire : la négociation collective a un rôle de régulateur ? C'est à ces questions que s'intéresse successivement le présent chapitre.

DÉFINITION DE LA NÉGOCIATION COLLECTIVE

Gérard Dion (1986, p. 310) définit l'expression « négociation collective » de la façon suivante :

> Procédé selon lequel, d'une part, un employeur, une association d'employeurs et, d'autre part, un syndicat cherchent à en venir à une entente sur des questions relatives aux rapports du travail dans l'intention de conclure une convention collective à laquelle les deux parties souscrivent mutuellement. La plupart du temps, la négociation collective se fait par l'intermédiaire de représentants. La négociation collective présuppose donc l'existence de parties distinctes, d'un but commun recherché ensemble et d'intérêts divergents qu'on cherche à accommoder [...]. Dans la négociation collective, chacune des parties s'efforce de convaincre l'autre du bien-fondé de son point de vue sur les sujets débattus et utilise, pour atteindre ses fins, les moyens de persuasion ou de pression dont elle dispose jusqu'à la grève ou au lock-out inclusivement, si ceux-ci s'avèrent nécessaires et efficaces.

On retrouve ici plusieurs des éléments essentiels de la définition du mot « négociation », comme nous l'avons vu au chapitre précédent. Il faut cependant y ajouter un certain nombre de particularités qui feront l'objet de développements plus détaillés au cours du présent chapitre.

Qu'il soit d'abord permis de retenir que :

1. Formellement parlant, la négociation collective se fait officiellement entre personnes morales, c'est-à-dire employeurs ou association d'employeurs et syndicats. Comme de telles personnes morales ne peuvent pas physiquement parler, il est inévitable de retrouver la présence de représentants, de mandataires agissant au nom de chacune de ces parties. Nous avons déjà touché à ce point au chapitre précédent.

2. La négociation collective, de par ses acteurs et de par son objet, est réservée au domaine du travail, au secteur syndiqué et vise un objectif particulier : conclure une convention collective. Qui réfère alors à la négociation collective ne peut que référer à cet aspect particulier des relations du travail.

3. La négociation collective n'est rien d'autre qu'une recherche d'entente. C'est là l'objet premier de la négociation collective. Il s'agit donc ici, du moins en principe, d'une obligation de résultat réalisée à l'intérieur d'un processus interactif (Barbash, 1984), de façon privée entre les parties elles-mêmes. Dans un tel contexte, toute interven-

tion extérieure est en soi non naturelle. Celle-ci peut être soit aidante (conciliation, médiation, etc.), soit disfonctionnelle par rapport à la nature même de la négociation collective (intervention législative ou réglementaire, arbitrage, etc.). En somme, de par sa nature même, la négociation collective est l'affaire des seules parties engagées dans la recherche de solutions à leurs problèmes ou à leurs divergences propres.

4.   Dion, dans sa définition précitée, établit l'intention fondamentale des parties à la négociation collective : « Dans l'intention de conclure une convention collective à laquelle les deux parties souscrivent mutuellement. » Cette partie de la définition soulève quelques remarques :

a) Cette entente est celle des parties elles-mêmes. Celles-ci peuvent donc s'entendre sur ce qu'elles veulent, évidemment en vertu de la loi. C'est pourquoi on dit qu'entre les parties tout est négociable, dans le respect de l'ordre public (*Code du travail*, art. 62).

b) Cette entente entre les parties n'est pas et ne peut pas être permanente. Les conditions changeantes de l'économie, du marché et de la réalité interne de chaque organisation empêchent telle permanence d'accord. Elle sera donc de nature temporaire, de durée déterminée, ou indéterminée, mais par essence temporaire.

c) Si la négociation collective doit mener à un accord auquel souscrivent mutuellement les deux parties, cela implique d'abord que la convention collective est l'affaire des parties elles-mêmes. C'est pourquoi on dit qu'elle est la « loi des parties ». Ensuite, cela veut dire que les parties peuvent en tout temps, d'un commun accord, changer une règle déjà convenue et consacrée dans une convention collective. C'est là l'essence même de ce processus qui existe pour et par les parties elles-mêmes. Cette nécessaire souplesse est d'ailleurs reconnue dans le *Code du travail* (art. 72). Il y a donc aussi dans la négociation un élément obligatoire de coopération automatiquement induit car chacune des deux parties a besoin d'arriver à un accord en vue d'obtenir une chose qu'elle souhaite, qu'elle peut obtenir de l'autre partie qui peut, ou non, la lui donner (Rojot, 1994).

d) Cette recherche d'entente suppose évidemment que les parties agissent de bonne foi. D'ailleurs, le *Code du travail* le prévoit à son article 53. Cette notion de bonne foi est difficile à jauger. Morin (1980) nous fournit à cet égard un guide très utile.

5.   La négociation collective présuppose donc l'existence de parties distinctes (puisqu'on ne négocie pas avec soi-même), d'un but commun recherché ensemble (c'est l'interdépendance) et d'intérêts divergents

qu'on cherche à accommoder vu les objectifs différents que les parties poursuivent.

6.   Dans la négociation collective, comme dans toute négociation, chacune des deux parties s'efforce de convaincre l'autre du bien-fondé de son point de vue. Cela illustre le fait que l'approche fondamentale en négociation consiste à tenter d'amener l'autre à son point de vue et non de le lui imposer. Cela aura une importance primordiale sur la préparation, l'approche et les stratégies de négociation.

7.   Chacune des parties utilise, pour atteindre ses fins, les moyens de persuasion ou de pression dont elle dispose. Voilà l'aspect qui confère au processus de négociation une couleur de chantage. Mais cela est inévitable puisque toute négociation exige des sanctions ou des menaces de sanctions qui, par promesse de bénéfice, par menace de retrait, par persuasion rationnelle et par action directe, amèneront l'autre partie à être d'accord et à faire des compromis (Barbash, 1984).

De l'inévitable opposition en milieu de travail, entre l'harmonie dans l'entreprise et l'initiative individuelle, résulte la négociation collective. Cette dernière se situe quelque part sur le continuum allant de l'unilatéralisme patronal au contrôle ouvrier (Barbash, 1984).

La négociation collective devient alors un jeu qui consiste à découvrir ce que veut réellement l'autre, son minimum irréductible et ses demandes véritables (Chamberlain et Kuhn, 1965). Et ce jeu est inévitablement accompagné d'un rituel souvent illustré par un esprit « macho », par un comportement théâtral et par l'esclandre (Barbash, 1984).

Alors que, dans la vie de tous les jours, la direction de l'entreprise agit et le syndicat réagit, en négociation collective, c'est le syndicat qui agit, qui se défend contre les initiatives patronales. En temps difficiles, l'inverse est souvent vrai. Dans un tel contexte, la négociation collective n'est donc aucunement, au sens opérationnel, un processus de décision conjointe puisque le patronat conserve toujours le droit d'agir. D'ailleurs, très souvent, le syndicat préfère ne pas participer à un processus de décision conjointe puisqu'il ne veut pas en assumer les responsabilités. Il demeure tout de même que la négociation collective est essentiellement un processus de détermination conjointe des règles, peu importe qui l'amorce.

Donc, de par sa nature même, la négociation collective est un processus d'interaction dans lequel, généralement, le syndicat sera en demande dans le but de baliser les droits naturels de gérance de l'employeur et d'obtenir plus ou mieux pour ses membres. Mais la négociation collective ne s'arrête pas à ce seul aspect de négoce ou de marchandage. En effet, les parties compléteront leurs négociations par des activités de soutien sur la scène de la politique et des politiques publiques. La double fonction syndicale reflète cette inévitable ouverture de la négociation collective sur la société. En effet, tout syndicat n'est-il pas à la fois agent de négociation pour ses membres et agent de transformation sociale ? Nous y reviendrons en présentant le rôle de régulation sociale de la négociation collective.

Examinons maintenant les principaux piliers de la négociation collective.

LES PRINCIPAUX PILIERS DE LA NÉGOCIATION COLLECTIVE

Ce processus d'interaction que constitue la négociation collective n'existe pas dans le vide. Il est raccordé à un ensemble de contextes et de parties, de façon telle que son expression pratique variera selon les cultures nationales, régionales et industrielles, selon les lois et règlements en vigueur, selon les contextes économiques, sociaux, technologiques, environnementaux, etc. Les piliers de la négociation collective se retrouvent donc théoriquement tous sous les mêmes caractéristiques contextuelles. Mais leurs traductions pratiques varieront dans le temps et dans l'espace.

Cependant il demeure un fait, un pilier de base à toute négociation collective, comme à toute négociation d'ailleurs : sans divergences entre deux parties, quelles qu'elles soient, la négociation, sous toutes ses formes, ne peut pas exister. Ces divergences, en milieu de travail, ont historiquement connu surtout, pour ne pas dire exclusivement, l'appellation de conflit et plus particulièrement celles de conflit ouvrier ou de conflit industriel.

Arrêtons-nous d'abord à ce pilier de base.

Le pilier de base : de la notion de conflit à celles de tension ou de différend

Conflits, tensions et différends en milieu de travail sont omniprésents et inévitables (Thuderoz, 2000 ; Rojot, 1994). Pourquoi ? Simplement parce que les sources de divergences y sont permanentes. Il importe donc de rappeler ces sources pour ensuite présenter leur évolution dans leur traduction pratique.

Les sources de conflits, de tensions ou de différends en milieu de travail sont nombreuses. Certaines tiennent de la nature humaine, d'autres de l'activité même de travail. Parmi les sources qui tiennent de la nature humaine, mentionnons, entre autres :

- Dans un contexte où les besoins sont illimités et les ressources limitées, l'autre devient un concurrent et même un rival. Cela est d'autant plus vrai que ce qui est convoité est rare.

- Selon le réflexe naturel d'équité, chacun cherchera à maximiser et même à optimiser sa rétribution au regard de sa contribution (Thuderoz, 2000).

- Chaque individu a son domaine, son territoire ou, pour reprendre l'expression de Fustier (1975), sa « bulle ». Toute atteinte à la « bulle » d'une personne est une atteinte à la personne elle-même. En société, de telles atteintes sont courantes et inévitables. En effet, parce qu'ils sont interdépendants les uns des autres (la liberté de l'un finit là où la liberté de l'autre débute), toute intervention de l'un a des répercussions sur les autres. Il est facile de reprendre ce que l'on dit de l'homme dans sa « bulle » pour l'étendre à des collectivités qui entrent à leur tour en conflit du cœur de leur « bulle » (Lebel, 1984).

En s'engageant dans cette activité humaine qui s'appelle le travail, l'individu ne laisse pas à la porte de l'usine ou du bureau ses sources de conflits, de tensions et de différends qui tiennent de la nature humaine, il les traîne avec lui au travail. En entrant au travail alors, la personne humaine ne se libère pas de ses conflits, tensions, différends, préoccupations et problèmes de toutes sortes. Bien au contraire.

De plus, à l'occasion du travail, s'ajoutent d'autres sources de conflits, tensions et différends, que d'aucuns ont qualifié de « mécontentement » ou de conflit industriel (Boivin et Guilbault, 1989 ; Hare, 1958). Ces sources de divergences ou de mécontentement en milieu de travail sont nombreuses. Nous présentons ici les plus importantes en ne prétendant aucunement à leur caractère exhaustif.

Une première source de conflits, de tensions et de différends en milieu de travail tient à la nature même du travail. Ce sujet a donné lieu à une multitude d'écrits. Pour nos fins, retenons le message de base : plus un travail est parcellisé, répétitif, dangereux et exécuté dans des conditions difficiles, plus le mécontentement est inévitable. En effet, toutes ces tâches fragmentées qui appellent la répétition des mêmes gestes, souvent à un rythme et à une cadence exagérés, tuent l'imagination, la liberté et l'initiative des individus qui les exécutent. Elles les abaissent au rang d'une machine à qui on ne demande surtout pas de penser et qu'on limite à une partie du produit fini. Ce genre de travail est ennuyant et ennuyeux. C'est la routine. Répéter les mêmes gestes sur une partie des opérations de production à longueur de journée pendant des années peut facilement faire comprendre que les gens concernés en aient rapidement ras-le-bol. Et ce genre de travail a existé, existe encore et existera non seulement en usine, mais également dans tous les autres lieux de travail.

Durant les années 1960, à l'usine d'Ayers à Lachute, l'ancienneté se mesurait par le nombre de doigts restants aux travailleurs. La dangerosité d'un travail est source de conflits, de tensions et de différends instantanés :

c'est un réflexe. Les conditions physiques de travail mettent en danger l'intégrité physique des personnes et ont mené, mènent et mèneront directement aux barricades. L'importance de ce sujet n'exige certes pas une grande élaboration. Il fut même l'un des facteurs les plus déterminants à l'origine de l'organisation des travailleurs : se protéger d'abord physiquement. Et cette préoccupation fondamentalement légitime est encore aujourd'hui d'actualité dans des industries telles l'agriculture, les mines et la construction.

Liées à cette dangerosité sont les conditions dans lesquelles le travail est exécuté. Travailler dans une grande chaleur (par exemple : papeteries, buanderies, chaufferies, asphaltage), par grands froids à l'extérieur (construction, montage de ligne, débardeurs), de nuit (hôpitaux, policiers, pompiers), dans des lieux éloignés, de façon occasionnelle sur appel, etc., constituent autant de sources de mécontentement.

Nous n'avons ici qu'effleuré la nature du travail. La multiplicité des variantes pratiques à ce sujet est telle qu'on pourrait élaborer presque à l'infini. Que l'on retienne qu'outre ces sources de conflits, de tensions et de différends, qui relèvent de la nature humaine, la nature du travail est ici un élément fondamental.

Une autre source de conflits tient du statut social que confère un travail. Comme le mentionnent à juste titre Boivin et Guilbault (1989), l'influence de la position sociale sur la fierté d'un individu est considérable, et c'est ce qui explique que des questions reliées à cette position peuvent être la cause du mécontentement industriel. Le statut social attaché à un travail donné dépend surtout de l'importance que la société lui donne et des revenus qui en découlent. Ainsi, dans une société qui a traditionnellement privilégié les professions libérales, il n'est pas à se surprendre que les métiers soient presque ouvertement dépréciés. Rappelons à cet égard l'expérience québécoise de la réforme de l'éducation de la fin des années 1960 où l'on visait à recruter 70 % des étudiants pour le secteur technique des cégeps et 30 % au secteur général. C'est exactement le contraire qui s'est passé. Pourquoi aller au technique quand je peux, en m'inscrivant au général, avoir accès à l'université et aux professions libérales ? Et cela se vit encore aujourd'hui chez nous, malgré une pénurie criante dans les occupations et les métiers rattachés au secteur technique.

De telles attitudes colorent inévitablement les relations entre employeurs et employés. Personne n'aime se faire traiter comme du menu fretin, comme un facteur de production interchangeable. Les besoins humains de base de respect, de fierté et de réalisation de soi en prennent alors pour leur rhume.

Une autre source de conflits, de tensions et de différends est la notion d'autorité. Découlant de la propriété, l'autorité dans les lieux de travail

appartient à l'employeur et à ceux à qui il la délègue. Au moins trois conséquences en résultent. D'abord, la hiérarchisation des organisations et la
hiérarchisation de l'autorité qui en découle amènent la notion de subordi-
nation des exécutants aux détenteurs d'autorité. Et cette position de subor-
dination déplaît évidemment en ce qu'elle limite et même tue la liberté et
l'initiative. Ensuite, la possession et l'exercice de l'autorité n'entraînent pas
naturellement le partage de l'information, puisque l'information est source
de pouvoir et, il en va de soi, l'être humain n'aime pas être tenu dans
l'ignorance, ici l'ignorance des conditions dans lesquelles l'entreprise fonctionne, ignorance de l'état du marché du produit, ignorance des activités
financières et commerciales de l'entreprise, etc. (Boivin et Guilbault, 1989).

Finalement, l'exercice de l'autorité crée inévitablement désaccords et
conflits parce que le détenteur de l'autorité au travail poursuit, ou est
censé poursuivre, dans un contexte d'inévitables tracasseries bureaucratiques, un objectif (l'efficacité) fondamentalement différent et même opposé à celui des subordonnés (sécurité). On retrouve ici l'inévitabilité des
conflits, des tensions et des différends en milieu de travail.

La dernière source de conflits, tensions et différends en milieu de
travail que nous abordons vise les récompenses que l'individu tire de son
travail. Ces récompenses peuvent être économiques, psychologiques et sociales. Les employés sont récompensés de diverses façons pour la contribution qu'ils offrent à leur employeur. Trop souvent hélas, on rend synonyme
récompense et salaire. Certes le salaire est une composante importante de
la récompense découlant d'un travail, mais il y a plus.

Sur le plan économique, récompense est synonyme de rémunération
globale, c'est-à-dire la rémunération directe, ou versée en espèces aux employés, qui inclut les salaires et la rémunération variable ainsi que la rémunération indirecte ou non, versée ou non en espèces, aux employés qui
comprend, d'une part, les avantages sociaux et le temps chômé et, d'autre
part, les avantages complémentaires et les conditions de travail (Thériault
et St-Onge, 2000). Il y a donc plus que le salaire. Que ces récompenses
économiques, directes ou indirectes, déguisées ou non, soient sources de
conflits, de tensions et de différends n'est pas difficile à démontrer.

Les individus au travail cherchent à être rémunérés en fonction de
l'effort mental et physique fourni et avec équité. Cette recherche d'équité
amène inévitablement des comparaisons avec autrui à l'intérieur de l'entreprise et à l'extérieur de celle-ci. Quant aux comparaisons internes, celles-ci ne se bornent pas au traitement réservé aux autres travailleurs, mais
incluent également la rémunération dont jouissent les dirigeants de l'entreprise. Cet aspect est très important dans la perception de l'équité, les
travailleurs recherchant leur juste part de la richesse de l'entreprise, ce
qu'on appelle couramment le gâteau. Quant aux comparaisons externes,

elles peuvent être infinies puisqu'on peut toujours se comparer à mieux que soi.

Les conflits, tensions et différends peuvent aussi surgir du fait qu'un travailleur juge sa rémunération insuffisante pour lui procurer le niveau de vie qu'il croit justifié d'atteindre. Sur le plan économique alors, justice, équité et croissance sont des notions clefs à la source de beaucoup de conflits, de tensions et de différends.

Les récompenses psychologiques au travail sont également fort importantes et peuvent, elles aussi, être sources de conflits, de tensions et de différends. Le respect, la reconnaissance, l'estime, la valorisation, la réalisation, la croissance sont autant de valeurs que l'individu tente de satisfaire à l'occasion du travail. Leur négation causera inévitablement le mécontentement.

Quant aux récompenses sociales, nous les avons mentionnées précédemment en traitant du statut social.

Les sources de mécontentement au travail sont donc nombreuses. Elles peuvent même toutes exister simultanément. Leur gestion est autant permanente que ce mécontentement est omniprésent et inévitable.

Les conflits, tensions ou différends se manifestent de différentes façons. À cet égard, l'imagination humaine n'a pas de limite. Boivin et Guilbault (1989) distinguent deux grands types de manifestations du conflit industriel : le conflit ouvert et le conflit déguisé. Le premier réfère à des manifestations apparentes, directement observables tels la grève, le refus d'obéir à un ordre, le sabotage. Le conflit déguisé ou caché est moins apparent, moins directement observable, plus insidieux. Ses manifestations incluent un taux de roulement élevé, un haut taux d'absentéisme, une productivité faible, une faible motivation au travail, etc.

Mais, et c'est là notre thèse, l'expression du mécontentement en milieu de travail a historiquement évolué le long d'un continuum allant de véritables conflits impliquant violence et morts (par exemple, grève de l'amiante, grève de Murdochville, grève de Louiseville, saccage de la Baie-James, port de Montréal) à l'expression plus civilisée de tensions et de différends réglés par la voie de la négociation. Certes, beaucoup de divergences peuvent trouver des solutions pacifiques. Elles n'en demeurent pas moins des divergences.

Cette évolution historique des manifestations du mécontentement en milieu de travail ne veut nullement dire que l'aspect guerrier des conflits de travail a complètement disparu. Mais, avec l'expérience et fort des leçons de l'histoire, les manifestations du mécontentement en milieu de travail se sont civilisées en adoptant une approche pacifique à la recherche de solutions.

Cette évolution est fort importante en ce qu'elle teinte l'approche à la négociation collective. En effet, l'approche guerrière au mécontentement en milieu de travail implique la présence d'un gagnant et d'un perdant. Cela est d'autant plus dangereux que les parties doivent continuer à vivre ensemble, à moins évidemment que la résultante du conflit soit la disparition de l'une des deux parties ou des deux. Cette approche a fortement contribué à donner une image particulière aux relations du travail en général, et à la négociation collective en particulier.

Ainsi, pour le public et pour les journalistes, cette notion de conflit a imprimé à la négociation collective une couleur inévitable de guerre où, nécessairement, il doit y avoir un gagnant et un perdant. Telle façon de voir est fallacieuse.

En négociation collective, comme en relations du travail, il ne saurait y avoir ni gagnant ni perdant. Certes, il y a de ces situations où l'une des deux parties à la négociation collective a pu être terrassée ou a pu avoir l'impression de l'être. Ces situations sont cependant, selon les statistiques et l'expérience, exceptionnelles. Et même alors, lorsque les parties survivent à de tels résultats, il n'est aucunement dit que la dynamique de la réalité ne rétablira pas les choses.

Cette notion de conflit, héritée du passé, a évolué vers les notions de tensions ou de différends, notions qui traduisent mieux la nature de la relation employeur-salarié. En effet, ces notions impliquent un équilibre ou une balance des forces, ce que sont par essence la négociation collective et les relations industrielles (Barbash, 1984).

Ces notions de tensions ou de différends ne portent pas, dans leurs aboutissements, le caractère définitif de leurs solutions. Elles sont plus conséquentes avec la dynamique même des relations du travail où le vainqueur apparent d'un jour pourra être le perdant apparent de l'autre.

Une telle approche engendre des attitudes différentes par rapport au processus de la négociation collective. Nous ne sommes plus en interrelation pour battre l'autre, mais plutôt pour construire ensemble une solution utile aux deux parties. C'est là l'essence de la négociation collective.

Rappelons que ces tensions et ces différends entre employeurs et salariés sont inévitables en milieu de travail essentiellement parce que ces deux parties poursuivent chacune des objectifs divergents : l'efficacité (ou l'accumulation de capital) pour l'employeur et la sécurité et l'équité pour les salariés. En plusieurs circonstances, par exemple l'implantation de changements technologiques, l'atteinte de l'objectif de l'employeur se fera au détriment des objectifs des salariés. Et là naissent tensions et différends.

Cette poursuite d'objectifs divergents pour les parties en milieu de travail se situe dans un contexte d'interdépendance où chacun a besoin de l'autre pour atteindre ses propres objectifs. Dans un tel cadre, toute situation de tensions ou de différends aura une fin puisque la nature humaine déteste de telles tensions et puisque ces situations impliquent nécessairement des coûts économiques, sociaux, psychologiques, politiques, etc. Alors, il n'est pas à se surprendre que toute situation de tensions ou de différends en milieu de travail aura une fin, soit par la découverte d'une solution amenant l'élimination ou l'amenuisement des tensions ou des différends, soit par la disparition des parties elles-mêmes. Le réflexe naturel de survie amènera forcément les parties à rechercher une solution qui les satisfasse ou qui donne la conviction de les satisfaire. Dans un tel contexte, la négociation collective devient le mode objectif par excellence de recherche de solution. Et qui dit négociation dit compromis, réel ou apparent. Cela est inévitable.

Ainsi, les tensions et les différends en milieu de travail amèneront une recherche de solution par la négociation collective, donc, par le compromis. Et ce processus de négociation collective sera nécessairement teinté par les valeurs dominantes et par les contextes qui inévitablement l'influenceront. Attardons-nous d'abord aux valeurs sous-jacentes à la négociation collective.

Libre négociation collective : valeurs et postulats de base

Pour que tout système de relations industrielles fonctionne, les parties concernées, même en ayant des objectifs divergents, doivent reconnaître, sinon partager, un certain nombre de principes ou de postulats de base. De ces postulats, découlent inévitablement certaines valeurs qui, en somme, proviennent directement des valeurs et principes qui sont au cœur de nos systèmes économique, politique et juridique (Kochan et Katz, 1988). Voyons ces postulats.

POSTULAT 1
Tant notre système économique que notre système politique reposent sur le principe de la liberté

Cette notion de liberté est certes à la base même de tout système politique démocratique. Comme la démocratie industrielle est une composante essentielle de la démocratie politique, il n'est que normal que cette notion de liberté y trouve pleine réalisation.

L'essence de la liberté est cette capacité d'influencer efficacement ses propres affaires, idéalement sans intervention extérieure aucune. C'est le fondement de la liberté de contracter.

L'application de ce postulat à la négociation collective en Amérique du Nord se traduit par un système qui se veut le plus libre possible de l'intervention gouvernementale et même de toute intervention extérieure. La négociation collective, dans un tel contexte, appartient aux parties qui sont libres de contracter.

POSTULAT 2
De cette notion de liberté de contracter découle le droit de propriété

De ce droit de propriété, c'est-à-dire de ce droit d'acquérir, de posséder et de se départir, découle l'autorité. Le propriétaire d'un bien a autorité sur celui-ci. La propriété est source d'autorité de par les vertus de notre système.

En relations du travail, le propriétaire d'une entreprise a l'autorité dans et sur celle-ci. C'est là la source des droits de gérance que les salariés et leurs organisations tenteront, en premier lieu, par des luttes politiques pour se faire reconnaître comme pouvoir ouvrier et représentant des travailleurs, ensuite par la négociation collective, de baliser, de partager, de limiter. Tous ces droits que possèdent le propriétaire qui ne seront pas ainsi balisés, partagés ou limités continueront d'appartenir au propriétaire. C'est ce qu'on appelle la théorie des droits résiduaires, théorie qui trouve sa source dans le fait que l'autorité découle de la propriété, et que l'employeur doit appliquer de façon non discriminatoire, juste et non abusive.

POSTULAT 3
De la liberté de contracter découle ensuite naturellement le droit de s'associer, le droit de négocier et le droit de grève

Si la liberté de contracter veut dire quelque chose, cela entraîne inévitablement le droit pour les travailleurs de s'associer (ou de ne pas s'associer) et de négocier, de discuter collectivement avec l'employeur et ainsi de participer activement à la détermination de leurs conditions de travail. C'est la démocratie industrielle qui, rappelons-le, est la résultante de luttes ouvrières. Certes l'employeur tient son autorité de sa propriété de l'entreprise ou de l'organisation. Mais, devons-nous le rappeler, il n'est pas propriétaire des personnes qu'il embauche. Au mieux, loue-t-il leurs services, leurs connaissances et habiletés en échange de certaines conditions.

La liberté de contracter emporte un autre corollaire. En effet, si la liberté de contracter implique le droit de s'associer et le droit de négocier, elle implique aussi le droit de dire non. Cela confère donc aux travailleurs le droit à l'action concertée pour promouvoir leurs intérêts. C'est le droit de grève. À ce sujet, Konvitz (1948, p. 75) soutient ce qui suit :

> Without the power to affect the course of events, a person or a group lacks the responsibility to reach decisions. Power is the source of responsibility.

Without the right to strike, unions will lack the foundation for voluntary negotiation and agreement. If free labor agreement – free collective bargaining in a free enterprise system – is in the public interest, so is the right to strike, which makes the free labor agreement possible.

Ainsi, les racines mêmes de la négociation collective remontent aux valeurs de base de notre société.

Un second corollaire de la liberté de contracter vise l'objet même du contrat. En effet, une telle liberté implique que les parties peuvent contracter sur tout ce qui les concerne. Donc, en relations du travail, tout est négociable. La seule limite à cette liberté est celle qui est établie par la loi et l'ordre public qui, eux, ne sont pas négociables. Le principe devient alors que tout est négociable en vertu des lois et de l'ordre public. Mais attention : tout n'est pas nécessairement négocié. Cela dépend des rapports de force en présence et des choix des parties.

POSTULAT 4
Notre régime de négociation collective repose sur les principes de la libre concurrence et de la liberté de commerce

Ce postulat découle également du droit de contracter et du droit à la propriété et trouve application autant sur le marché des produits que sur celui du travail. Cela ne veut aucunement dire cependant absence de réglementation, surtout eu égard au marché du travail. Ce degré de réglementation variera d'une société à l'autre selon, et l'histoire le démontre, le niveau souhaité de filets sociaux (par exemple : salaire minimum, travail des enfants, heures de travail, accidents de travail, etc.).

En d'autres mots, pour reprendre Hébert (1992), les parties doivent accepter le jeu du marché et les principales conséquences qui en découlent. Cela est encore plus vrai dans un contexte de mondialisation des marchés et des économies.

POSTULAT 5
Toute véritable négociation collective exige un équilibre relatif des forces en présence sinon à court terme, du moins à moyen terme

Sans un tel équilibre, il ne saurait y avoir de véritable négociation. Si la même partie possède toutes les forces ou tout le pouvoir de négociation, alors il n'y a plus de négociation, mais capitulation. Et capitulation n'est pas négociation.

Cet équilibre des forces n'est ni parfait ni statique. Il variera dans le temps selon la dynamique même des marchés et des contextes à court, sinon à moyen terme. Il n'y a certes pas lieu ici de référer au long terme puisque alors, comme l'a mentionné l'économiste britannique Keynes, nous serons tous morts.

POSTULAT 6
La négociation collective vise la solution de problèmes pratiques vécus sur les lieux de travail

Dans le système nord-américain de relations industrielles, les gens s'associent, se syndiquent, dans le but de régler des problèmes vécus et perçus collectivement au travail. La négociation collective devient alors leur instrument privilégié pour élaborer des solutions à ces problèmes.

Il ne faut donc pas se surprendre si le modèle original de négociation collective instauré pour le secteur privé par le Wagner Act américain en 1935 et emprunté par toutes les législations au Canada a favorisé une approche décentralisée au niveau de la firme. Se rapprochant des gens, le régime de négociation devenait alors un meilleur moyen, mieux adapté aux situations, pour solutionner les problèmes vécus dans les milieux de travail. Rappelons ensuite que les employeurs américains ont voulu, dès le début du xxᵉ siècle, que les structures de la négociation collective se greffent aux structures mêmes du système capitaliste, respectant ainsi les règles de la concurrence. On voulait de cette façon rejeter toute poursuite d'objectifs politiques dans les négociations, comme c'était le cas en Europe. Ceci est toutefois moins vrai dans les secteurs où la négociation est centralisée.

Voyons maintenant quelles sont les parties intéressées à la négociation collective.

Les parties intéressées

L'approche traditionnelle en relations industrielles, en relations du travail et en négociation collective retient trois acteurs au système de relations industrielles (Dunlop, 1958 ; Craig, 1983) : les employeurs et leurs associations, les travailleurs et leurs associations et l'État. Vu l'évolution qu'a connue la négociation collective et vu l'élargissement de sa portée sociale, il faut ajouter à ces parties intéressées à la négociation collective les consultants et le public qui, reconnaissons-le, peuvent y jouer un rôle actif. Présentons brièvement chacune de ces parties.

Ce que Dunlop (1958) appelait « les employeurs et leurs associations » (ce que d'aucuns identifient comme étant le patronat) réfère à une multitude d'entreprises privées, publiques et mixtes, à formes variées de propriété, à la recherche d'un profit ou non, et cherchant surtout pour la plupart à fournir des biens ou des services au plus bas coût possible.

La plupart des associations d'employeurs n'existent pas à des fins de relations du travail et de négociation collective (Delorme, Fortin et Gosselin, 1994). Mais pour celles qui y jouent un rôle, rares sont ces associations d'employeurs qui négocient et appliquent une convention collective. En effet, la majorité des associations d'employeurs de cette catégorie servent plutôt de groupe de pression et de porte-parole des employeurs dans les relations du travail en général. C'est le cas, par exemple, au Québec, du Conseil du patronat du Québec et de la Chambre de commerce du Québec. Il y a cependant quelques associations d'employeurs qui négocient une convention collective pour leurs membres. C'est, par exemple, le cas dans l'industrie québécoise de la construction.

Quant aux travailleurs et à leurs associations, l'approche nord-américaine en relations du travail nous empêche de référer à tous les employés d'une entreprise, c'est-à-dire à toute personne qui occupe un emploi, remplit une fonction pour le compte d'une autre (Dion, 1986). En effet, la notion de « travailleur » désigne ici celle de personne salariée à qui les lois du travail nord-américaines réservent le droit d'association et ce qui en découle, notamment la possibilité d'être syndiquée, de négocier et d'être couverte par une convention collective. Sont donc juridiquement exclus tous ceux qui ne sont pas des salariés, c'est-à-dire les cadres, les travailleurs autonomes et les entrepreneurs dépendants. Notons cependant que, depuis déjà un bon moment, il existe des pressions pour élargir et moderniser cette notion étroite de « salarié ».

Lorsque l'on réfère aux associations de travailleurs dans la négociation collective, c'est le syndicat que l'on vise. En effet, dans notre régime de relations du travail, sans syndicat, il ne peut pas y avoir, légalement, de négociation collective. Et un seul syndicat, toujours dans notre régime de relations du travail, peut représenter et négocier une convention collective au nom d'un groupe donné de salariés chez un employeur donné (ce sont les notions d'accréditation et d'unité de négociation). C'est ce que l'on appelle le monopole de représentation, principe généralisé dans les relations du travail nord-américaines (sauf dans l'industrie québécoise de la construction).

Représentant chez nous environ un tiers de la main-d'œuvre salariée non agricole, les syndicats ont une pénétration fort variable selon les industries et les régions. L'examen de notre syndicalisme est rendu difficile par son manque d'unité. La multiplicité des centrales, les formes d'organisation (syndicats de métiers, syndicats industriels), et les philosophies et approches diverses rendent toute présentation et tout jugement d'ensemble proprement impossibles. Mais, pour notre propos, il demeure une chose essentielle. S'il importe de bien connaître notre interlocuteur en négociation collective, il faudra faire preuve d'une compréhension approfondie des structures syndicales pour pouvoir distinguer les lieux réels de prise de décision et d'influence.

Cet aspect est d'autant plus important au Québec que, contrairement au reste de l'Amérique du Nord, les syndicats sont structurés selon deux grands modèles : le modèle nord-américain des grandes entreprises commerciales (par exemple : les syndicats internationaux, canadiens ou québécois affiliés à la FTQ) et le modèle québécois coopératif (par exemple : la CSN, la CSQ et la CSD). Et, dans de telles structures, les lieux de décision, d'autonomie et de personnalité juridique ne sont pas les mêmes.

Cependant, rappelons-le, indépendamment de leurs structures, ces syndicats ont tous une double fonction qu'ils assument certes de façon distincte et avec un accent précis sur l'un et l'autre rôle : celui d'agent de négociation collective et celui de transformation sociale.

Quant à l'État, il joue, en relations du travail et en négociation collective, un double rôle : celui de législateur et celui d'employeur.

À titre de législateur, le gouvernement provincial, chez nous, a une compétence beaucoup plus vaste en matière de relations du travail que celle des États américains. Alors qu'aux États-Unis, la compétence constitutionnelle en matière de relations du travail est surtout centralisée au niveau fédéral, le contraire existe chez nous depuis l'arrêt *Toronto Electric Commissioners* c. *Snyder* en 1925. Au Canada, la compétence en matière de relations du travail appartient tant au fédéral, pour les entreprises de sa compétence, qu'aux provinces. La compétence de ces dernières est cependant beaucoup plus étendue, en pratique, que celle du fédéral.

Comme législateur, le rôle du gouvernement en relations du travail est celui de gardien du bien commun, de l'intérêt public. À ce titre, ce rôle du gouvernement se traduit de deux façons : d'abord, celui de définir le cadre juridique qui entoure les relations entre les parties à la négociation collective (c'est-à-dire établir les règles du jeu) et, ensuite, celui de définir des filets sociaux en matière de travail, c'est-à-dire des minima, des exigences qui, elles, ne seront pas négociables parce qu'elles sont d'ordre public.

À titre d'employeur, le rôle du gouvernement en relations du travail est prédominant, vu la grande proportion de la main-d'œuvre qu'il embauche directement ou indirectement (environ 25 % au Québec). Et le gouvernement négocie avec ses employés (fonction publique, secteur de la santé et services sociaux, éducation, agents de la paix, sociétés d'État, régies gouvernementales, etc.). Nul doute que le fruit de ces négociations a un effet sur le secteur privé et vice-versa.

Quant aux consultants, ils ont été de plus en plus présents dans le processus de la négociation collective, surtout depuis le début des années 1970 et surtout au Québec. Ils agissent alors comme mandataires de leurs clients et ce sont très largement eux qui, effectivement, négocient les conventions collectives. Leur présence accrue s'explique, entre autres, par la complexité croissante, dans leurs aspects techniques, des conventions collectives. Sans compter qu'au Québec, beaucoup plus qu'ailleurs, on a eu une forte tendance à presque tout judiciariser en relations du travail.

La présence accrue des consultants ou des intervenants de l'extérieur (qu'ils soient avocats, spécialistes en relations industrielles, consultants en management, conseillers en avantages sociaux, ou autres) peut poser problème quant à un des principes de base de toute négociation, celui de l'interlocuteur valable, c'est-à-dire le décideur. Il n'existe pas, à notre connaissance, d'étude empirique sur ce sujet.

Finalement, il faut certes tenir compte du public comme partie intéressée à la négociation collective. Dans le secteur privé, le rôle du public en négociation collective est très variable. Celui-ci peut aller de l'indifférence totale (surtout s'il y a un ou des substituts au produit ou service dont peut priver une grève ou un lock-out) à une participation directe dans une négociation collective ayant des répercussions considérables sur le résultat de cette négociation. On dira alors que le public joue le rôle d'une valve ou soupape de sécurité. Pensons, par exemple, au rôle des citoyens de Baie-Comeau dans la solution, en décembre 1996, du lock-out lors de la négociation collective entre le supermarché Provigo de Baie-Comeau et ses salariés dont le syndicat était affilié à la CSN. Dans ce cas, la pression et les pétitions du public ont forcé le règlement du conflit.

Le public n'est certes pas toujours présent, actif et influent dans de telles négociations. Mais il aura d'autant plus tendance à l'être qu'il sera dérangé.

LES OBJECTIFS DE LA NÉGOCIATION COLLECTIVE

Fondamentalement, les objectifs recherchés par cette institution qu'est la négociation collective dans le secteur privé n'ont pas changé dans le temps. C'est plutôt au niveau des objectifs particuliers qu'il y a eu des variantes, lesquelles ont été influencées lorsqu'on a mis l'accent temporairement sur des sujets particuliers comme la durée du travail, la santé et la sécurité au travail, le précompte syndical généralisé, la sous-traitance, etc.

Distinguons ici entre trois types d'objectifs dans le secteur privé : les objectifs fonctionnels, les objectifs sociaux et les objectifs économiques.

Les objectifs fonctionnels

1.   Le premier objectif de la négociation collective, l'objectif fondamental, est celui de servir d'instrument de protection pour les travailleurs

tant sur les lieux de travail qu'au niveau social. En effet, la négociation collective veut fournir aux travailleurs un contrepoids (le *check
and balance* américain) au pouvoir de l'employeur, d'où l'approche
collective, et une voix soutenue auprès du législateur pour faire mous-
ser leurs intérêts.

2.   La négociation collective se veut, dans un tel contexte, un instrument
     d'équité interne et externe sur tous les aspects de la réalité du travail.
     La négociation collective vise donc à déterminer des conditions de
     travail justes et raisonnables pour les travailleurs tant à l'intérieur de
     l'entreprise qu'en comparaison avec des situations similaires sur le
     marché.

3.   La négociation collective vise également à fournir aux travailleurs la
     protection contre l'arbitraire. Cette recherche de protection prendra
     deux grandes formes : l'une par l'utilisation de critères objectifs pour
     déterminer le *modus operandi* de certaines conditions de travail. C'est
     ici que l'on retrouve, presque partout où il y a négociation collective,
     l'utilisation de la notion d'ancienneté, notion objective qui n'a pas
     été inventée par les syndicats, mais qui remonte à l'Empire chinois et
     qui s'est généralisée dans ce qu'il est convenu d'appeler le « compro-
     mis fordiste ». Ainsi, retrouvera-t-on l'utilisation de l'ancienneté dans
     la gouverne de certaines conditions de travail comme les mouvements
     de main-d'œuvre, le choix des vacances, etc. Cette recherche de pro-
     tection contre l'arbitraire se concrétisera également par le droit et la
     possibilité d'avoir recours à des mécanismes de justice fondamentale
     (c'est le droit d'être entendu). Comme la démocratie politique impli-
     que de tels recours, la démocratie industrielle se le doit également.
     Cet aspect de recours est ici à ce point fondamental qu'il se maté-
     lisera dans les conventions collectives par l'instauration d'une procé-
     dure de règlements des griefs qui aboutira, en cas de désaccord
     persistant, à l'arbitrage des griefs. D'ailleurs, le Code du travail du
     Québec, prévoit, à son article 100, que tout grief doit être soumis à
     l'arbitrage en la manière prévue dans la convention collective.

4.   La négociation collective a également pour objectif fonctionnel d'ins-
     taurer une stabilité relative dans les milieux de travail dans un con-
     texte de nécessaires changements. C'est ce que l'on peut appeler la
     recherche de la stabilité instable. Expliquons-nous. La stabilité re-
     cherchée ici par les travailleurs vise le maintien et le progrès de leurs
     conditions de travail. Mais cette recherche se concrétise dans un con-
     texte d'entreprise où le changement est nécessaire à sa survie et à sa
     croissance : changement implique souplesse, ne serait-ce que pour
     demeurer concurrentiel. Les parties auront alors le défi de trouver
     un équilibre entre ces deux objectifs sous peine de disparaître. Les
     changements de contextes et de contraintes exigent donc une

adaptation constante par les parties. C'est pourquoi la grande majorité des conventions collectives signées sont de courte durée. Ce ne
sont pas des contrats à vie, puisqu'il faut s'adapter périodiquement à
la réalité.

Les objectifs sociaux

D'entrée de jeu, insistons sur le fait que les objectifs sociaux de la
négociation collective se confondent avec ceux du syndicalisme qui, rappelons-le, se veut un agent de négociation collective et un instrument de
transformation sociale.

Ainsi la négociation collective, comme institution, cherche :

1. À transférer dans l'entreprise la tradition de la démocratie politique.
    Cela prendra évidemment des formes différentes selon les secteurs,
    les régions, le temps, etc. On pourra aller de la simple négociation
    des conditions de travail à une participation réelle à la gestion de
    l'entreprise.

2. À faire avancer les lois pour mieux tenir compte des droits et des
    besoins des travailleurs en général, qu'ils soient syndiqués ou non.
    Ainsi, verra-t-on la négociation collective avoir un effet certain sur les
    filets sociaux en contribuant à les améliorer et assisterons-nous égale-
    ment à la reconnaissance plus large des droits et privilèges souvent
    durement acquis au fil des ans par la négociation collective. Pensons,
    par exemple, au congé de maternité.

3. À instaurer un régime de justice sociale et, ainsi, un certain ordre en
    milieu de travail. La négociation collective cherche ici fondamentale-
    ment à civiliser les rapports de travail et à teinter de préoccupations
    sociales les réflexes économiques et financiers naturels de l'entre-
    prise.

Les objectifs économiques

Il n'y a rien de surprenant au fait que la négociation collective ait des
objectifs économiques. Cela est d'autant plus normal que les conditions de
travail incluent une part importante d'économique. Les gens ne gagnent-
ils pas leur vie au travail pour la majorité d'entre eux. Ou, comme le disait
si bien Félix Leclerc, ne perdent-ils pas leur vie à la gagner ?

Ce qui est à déplorer cependant, c'est qu'on amène presque inévitablement toute situation de tensions en relations du travail à une question
de salaires. Toute généralisation en ce domaine est aussi dangereuse que
toute généralisation elle-même, y compris celle-ci...

En matière économique, la négociation collective poursuit essentiellement deux objectifs :

4.   D'abord, la distribution équitable de la richesse. Cet objectif tient du bon sens. En effet, les travailleurs ayant contribué à l'enrichissement d'une entreprise veulent naturellement, pour des raisons d'équité, en retirer leur juste part. Le principe est clair : plus la tarte (ou le gâteau) grossit, plus on veut que notre part soit grande. Les travailleurs étant essentiellement partie à cette croissance, il est naturel, juste et équitable qu'ils en réclament leur juste retour. Cet objectif est cependant balisé : d'abord par la santé financière de l'entreprise. On ne peut pas participer à une richesse qui n'existe pas ou peu. Ensuite, le concept de prospérité raisonnable d'une entreprise reçoit plusieurs entendements, de sorte que l'acception de la distribution équitable de la richesse dépend souvent de la compréhension qu'a le premier détenteur de la richesse du niveau de prospérité à atteindre avant de vouloir ou de pouvoir la partager.

5.   Ensuite, la survie de l'entreprise ou de l'organisation qui est liée de façon stricte à la rationalité de la rentabilité économique. La survie d'une entreprise ou d'une organisation, en soi, n'est pas négociable. On peut contribuer à sa survie, mais alors la partie syndicale est complètement tributaire de l'analyse que lui présente l'employeur. Certes, les travailleurs y ayant participé veulent jouir de la croissance de l'entreprise ou de l'organisation. Mais ici se pose un dilemme vécu régulièrement en négociation collective. Celui de l'horizon temporel. En effet, faut-il agir à court ou à moyen terme ? C'est là un choix souvent déchirant puisque, par exemple, les demandes légitimes peuvent paraître exagérées à court terme et être fort raisonnables à moyen terme. Autrement dit, sur le plan économique, la partie syndicale est tributaire totalement de l'employeur et doit absolument apprendre à lire sa situation financière pour définir sa façon de négocier. À cet égard, l'expérience du Fonds de solidarité des travailleurs et des travailleuses du Québec est forte de leçons.

En somme, tant sur ce facteur économique que sur les autres, les parties ont à réconcilier des intérêts divergents. L'employeur recherche la survie et la croissance de l'entreprise et les travailleurs désirent le respect de leurs droits fondamentaux d'équité et de sécurité vu qu'ils participent activement à la richesse de l'entreprise ou de l'organisation.

L'essence même de la négociation collective paraît encore plus évidente.

LE RÔLE RÉGULATEUR DE LA NÉGOCIATION COLLECTIVE

À ce stade-ci, il devrait être clair que la négociation collective n'est ni seulement marchandage ni strictement économique (Flanders, 1968). La négociation collective est une institution qui déborde le cadre immédiat du milieu de travail.

Comme le précise Thuderoz (2000), la négociation n'est pas seulement une méthode de résolution des litiges, elle est également un mécanisme efficient de prise de décision et de détermination des règles. La négociation organise l'accord autant qu'elle gère le désaccord. Nous l'avons déjà mentionné.

Certes, la négociation produit un lien social. À ce titre alors, il est de la responsabilité sociale de la négociation collective d'ordonner les règles qu'elle produit et de les formaliser. Ainsi, pour reprendre Thuderoz (2000, p. 35) :

> La négociation n'est ni la délégation à autrui de son pouvoir, ni le simple marchandage de biens ou de services. C'est une action sociale de décision et de régulation qui se fonde sur l'autonomie du sujet. Elle est exercice souverain de sa liberté.

Et cela est d'autant plus vrai que la négociation collective concerne et vise des êtres humains pour qui le principe de la liberté individuelle et de l'intégrité physique n'est pas négociable.

Dans un tel contexte, le recours à la négociation collective dépendra d'une perception commune du ou des problèmes comme quelque chose de négociable, d'une relation de pouvoir relativement symétrique, de la nécessité de régler le différend, de la volonté des deux parties à le résoudre par la négociation (donc par le compromis) et de la possibilité de transformer la résolution du litige en jeu à somme positive (Thuderoz, 2000).

En outre, le caractère contagieux de la négociation collective et de son résultat, la convention collective, illustre d'une autre façon son rôle de régulation sociale. En établissant des normes et en ordonnant des règles pour une entreprise, un groupe d'entreprises, voire un secteur complet d'activités, la négociation collective produit des modèles à emprunter, des comparaisons à adopter et des schèmes d'approche au travail à imiter. L'influence sociale de la négociation collective paraît alors évidente. D'ailleurs, comme le rappelle Reynaud (1991), « un système social se transforme par l'institutionnalisation de pratiques, nées elles-mêmes, par essais et erreurs, par contagion et imitation, par adaptation réciproque de micro-décisions individuelles. En ce sens, il est toujours le résultat de l'aggrégation ou de la composition de ces décisions ».

CONCLUSION

La négociation collective est donc essentiellement l'expression de l'action collective en ces milieux de travail où les gens ont perçu des problèmes et ont décidé de s'organiser pour participer à l'élaboration de solutions satisfaisantes.

Composante de la démocratie politique, la démocratie industrielle ne fut pas acquise et généralisée sans difficultés, loin de là. Application du processus de la négociation au milieu de travail, la négociation collective n'est rien d'autre que la recherche et l'atteinte d'une entente par et pour les parties intéressées sur des questions relatives aux rapports du travail dans un contexte où employeurs et personnes salariées (syndicat) poursuivent dans l'interdépendance des objectifs divergents. Et sans de telles divergences, la négociation collective ne peut pas exister.

L'expression de ces divergences s'est historiquement traduite par des conflits véritables entre les parties où la violence et même la mort étaient souvent au rendez-vous. Il y eut certes une évolution qui a permis de passer de la notion de conflit industriel à celles de tensions et de différends en milieu de travail.

La libre négociation collective repose sur des valeurs et des postulats de base. Nous avons distingué six postulats auxquels les parties intéressées doivent nécessairement souscrire lors de la négociation collective.

Les parties intéressées sont les employeurs et leurs associations, les travailleurs et leurs associations, l'État législateur et employeur, les consultants ou intervenants de l'extérieur et le public. Et ces parties interagissent dans une dynamique continue.

La négociation collective poursuit plusieurs objectifs : protection des travailleurs, équité, protection contre l'arbitraire, stabilité relative, démocratisation de l'entreprise, transformation et justice sociale, distribution équitable de la richesse et survie de l'entreprise.

Il appert donc, de ce qui précède, que la négociation collective, comme processus, déborde le cadre immédiat du milieu de travail et possède un rôle de régulation sociale évident.

La négociation collective, dans sa traduction pratique, oblige à persuader et à convaincre, à suggérer ou à menacer (Thuderoz, 2000). Pour ce faire, font nécessairement partie de l'exercice de la négociation collective, la présence réelle de problèmes, les intérêts divergents, l'élaboration de positions ou de demandes, la discussion, l'analyse, le marchandage, le chantage, le « bluff », le donnant, donnant, le compromis et même le retrait.

Mais à la base même de l'étude de ce processus qu'est la négociation collective se situe la notion centrale de « pouvoir de négociation ». C'est l'objet du chapitre suivant.

QUESTIONS

1. D'où vient la négociation collective ?

2. Quelles sont les implications de la définition de la négociation collective ?

3. Pourquoi y a-t-il conflits, tensions ou différends en milieu de travail ?

4. Quels postulats sont sous-jacents à la négociation collective ?

5. Quelles sont les parties concernées directement et indirectement à la négociation collective ?

6. Quels sont les objectifs de la négociation collective ?

7. Expliquez le rôle régulateur de la négociation collective.

LECTURES SUGGÉRÉES

- BARBASH, Jack (1984), *The Elements of Industrial Relations*, Madison, The University of Wisconsin Press.

- BELLENGER, Lionel (1984), *La Négociation*, Paris, Presses universitaires de France, coll. « Que sais-je ? ».

- BOIVIN, Jean et Jacques GUILBAULT (1989), *Les Relations patronales-syndicales*, 2ᵉ édition, Boucherville, Gaëtan Morin éditeur.

- FLANDERS, Allan (1968), « Éléments pour une théorie de la négociation collective », *Sociologie du travail*, nº 1.

- HÉBERT, Gérard (1992), *Traité de négociation collective*, Chicoutimi, Gaëtan Morin éditeur.

- KOCHAN, Thomas A. et Harry C. KATZ (1988), *Collective Bargaining and Industrial Relations*, Howewood (Ill.), Irwin.

- REYNAUD, Jean-Daniel (1991), « Pour une sociologie de la régulation sociale », *Sociologie et sociétés*, vol. 23, nº 2, p. 13-26.

CHAPITRE III

La notion de pouvoir de négociation

*Dans ce métier, il ne suffit pas d'avoir raison,
encore faut-il avoir la force d'avoir raison.*

Marcel Pepin

omme le concept de « pouvoir » réfère à la capacité d'agir sur quelqu'un ou sur quelque chose à l'intérieur d'une relation, on comprendra facilement qu'il soit au cœur même du processus de négociation. Par extension simple alors, la notion de pouvoir de négociation devient centrale dans la compréhension du processus même de la négociation collective. On ne saurait étudier cette dernière sans nécessairement et inévitablement revenir.à cette notion centrale de pouvoir de négociation.

Nous ne reprenons pas ici ce qui fut établi sur cette notion au chapitre 1. Nous poursuivons en nous arrêtant d'abord sur une définition de « pouvoir de négociation » pour ensuite présenter sommairement les principaux modèles d'étude de la notion de pouvoir de négociation. Ensuite, nous élaborons un modèle synthèse applicable dans le cadre qui suit.

D'abord, l'approche adoptée dans le présent chapitre ne vise que le secteur privé. La raison en est simple. Rappelons-la : la négociation collective n'est pas un processus similaire dans le secteur privé et dans le secteur public. Elle est surtout économique dans le premier et surtout politique dans le second, vu les différences entre ces deux secteurs dans la nature et les objectifs fondamentaux de leurs organisations composantes, comme nous l'avons déjà mentionné.

Ensuite, il est à noter qu'ici nous parlons bien de modèle et non de théorie. La raison en est simple. La théorie explique et prédit. Or la prédiction dans le domaine humain est fort risquée, vu les heureuses variations de celui-ci. Si le comportement humain devait être toujours prévisible, nos sociétés seraient certes plus ordonnées, mais combien plus ennuyeuses...

Nous préférons considérer des modèles qui ne sont, somme toute, que des cadres de référence permettant une étude systématique de l'application concrète d'un concept, d'une notion. Avec ces modèles, il n'est aucunement question de prédire une situation, mais plutôt de fournir un ou des outils permettant au praticien ou à l'observateur d'une négociation collective de faire une étude systématique du pouvoir relatif de chacune des parties engagées dans une négociation. Cette étude possède deux exigences essentielles à être satisfaites simultanément et qu'il ne faudra jamais perdre de vue :

1. Elle est un préalable à toute négociation collective et vise l'examen du pouvoir relatif de négociation de chacune des parties concernées : la nôtre et celle de l'autre ou des autres.

2. Telle étude se doit d'être continue pendant la durée de la négociation collective. En effet, le dynamisme de la réalité et de la négociation elle-même forcent à cette prudence. Pensons seulement à l'arrivée d'un événement imprévu qui peut changer toute la réalité, comme une catastrophe naturelle, un rappel de marge de crédit par la banque, la disparition d'un concurrent, etc.

L'examen du pouvoir de négociation relatif de et par chacune des parties à la négociation est d'autant plus un préalable à la négociation collective elle-même qu'il aidera à définir l'approche pratique à y adopter.

Avant d'aborder ces modèles, voyons ce qu'on entend par cette notion de pouvoir de négociation.

DÉFINITION DE « POUVOIR DE NÉGOCIATION »

Gérard Dion (1986, p. 357) définit le pouvoir de négociation comme suit :

> Capacité que possèdent les parties contractantes, dans une négociation collective, de faire triompher leur position. Le pouvoir de négociation dépend moins de la valeur persuasive de l'argumentation dans les pourparlers que du rapport entre la capacité d'infliger ou de supporter des sanctions économiques ou sociales et le coût, pour l'autre partie, de faire des concessions plus ou moins complètes aux demandes ou contre-propositions formulées. D'une façon générale, le pouvoir de négociation est conditionné par la conjoncture économique, la position stratégique de chacune des deux parties, la

solidité de leur situation financière, le support extérieur sur lequel elles peuvent compter et sur l'opinion publique. Du côté du syndicat, le pouvoir de négociation est aussi en rapport avec le rôle stratégique de ses membres dans la production de l'entreprise et dans l'économie, la détermination et la solidarité du groupe, la concurrence sur le marché de la main-d'œuvre, etc.

En examinant cette définition plus en détail, retenons que :

1. Le pouvoir de négociation est cette capacité de faire triompher une position Or, il se dégage ici que tel pouvoir comprend deux composantes essentielles, l'une objective et l'autre subjective. La composante objective renvoie aux réalités vécues lors de l'exercice immédiat de la force qu'une partie peut avoir. C'est, par exemple, l'effet que peut avoir, sur chacune des deux parties, une grave pénurie de main-d'œuvre. La composante subjective, pour sa part, comporte trois éléments. D'abord les éléments intangibles au moment où l'on tente d'estimer à l'avance son pouvoir de négociation, par exemple, et nous le verrons plus loin, le degré de résistance de l'autre partie en cas d'occurrence d'un conflit ouvert. Ensuite, le fait que, par définition, le pouvoir de négociation est une force potentielle, à être réalisée dans le futur au gré des changements imposés par la dynamique des choses. Et cette force potentielle, même si elle est grande, n'amènera pas automatiquement le triomphe de la position de la partie qui en jouit car elle devra se traduire en stratégies et tactiques, c'est-à-dire l'organisation des moyens dans le temps et dans l'espace (Pepin, 1996). Cette potentialité peut sembler fort prononcée, mais, si elle est mal utilisée, elle nous conduira nulle part. Nous reviendrons sur ce sujet dans les chapitres suivants.

2. Finalement, le pouvoir de négociation que l'on attribue à une partie est aussi important, sinon plus, que celui qu'elle détient en fait. La projection de l'image de puissance donne le même effet que sa possession, si cette projection est reçue dans la perception de l'autre partie. Nous sommes donc ici dans un univers de perception, tant du contexte objectif que de la situation relative de chacune des parties. Le pouvoir se veut alors dans l'univers de l'esprit.

3. Il devient aisé de comprendre pourquoi sa mesure exacte présente autant de difficultés (Plante, 1984). Ainsi, même avec un grand potentiel de négociation, le triomphe de sa position est loin d'être assuré si, par exemple, nous ne négocions pas avec le bon interlocuteur ou si nous employons de mauvaises stratégies ou des stratégies suicidaires. Pensons, par exemple, aux débardeurs du port de Québec qui ont déclenché une grève générale deux jours avant Noël, alors que l'activité portuaire ne reprendra pas réellement avant le printemps suivant. Leur pouvoir initial s'est rapidement retourné contre eux.

Donc, pouvoir de négociation est synonyme de capacité de faire triompher notre position. Mais encore faut-il savoir et pouvoir traduire efficacement cette capacité.

4. Cette capacité de faire triompher une position est essentiellement relative. Chacune des parties à une négociation a cette capacité. Mais la capacité de l'une doit se voir en relation avec la capacité de l'autre. Ce n'est pas parce qu'une des deux parties a un grand pouvoir de négociation que l'autre a nécessairement une faible capacité de faire triompher sa position, et inversement. Il ne s'agit pas ici d'un jeu à somme nulle. C'est pourquoi il faudra prendre le temps de bien évaluer la capacité relative de chacune des parties en négociation de faire triompher leur position respective. Donc l'estimation de son propre pouvoir de négociation n'est pas suffisant. Il est nécessaire de le comparer au pouvoir de négociation de l'autre partie (Rojot, 1994). Alors, comme l'ont souligné Chamberlain (1951), Crozier et Friedberg (1977) et Rojot (1994), le pouvoir de négociation n'existe pas en lui-même, il est relatif à une relation, à l'environnement et à l'autre partie, donc subjectif en ce qu'il dépend des perceptions de chacune des parties et de l'utilisation que chacune en fait. Et, en plus d'être relatif, le pouvoir de négociation est variable dans le temps et dans l'espace.

5. Les sources du pouvoir de négociation sont en réalité multiples, mais, de par la définition même de Dion (1986, p. 357), la capacité d'infliger ou de supporter des sanctions économiques prend ici une importance non négligeable. Cette capacité dépend du coût, pour une partie, du désaccord sur les termes proposés comparé au coût de l'accord sur ces mêmes termes (Rojot, 1994 ; Chamberlain et Kuhn, 1965). Nous reviendrons plus loin dans ce chapitre sur ce dernier aspect.

L'importance de cette notion est telle que plusieurs ont tenté, chacun à leur manière, de proposer des façons de l'estimer pour mieux comprendre et guider le processus même de la négociation collective.

QUELQUES MODÈLES D'ESTIMATION DU POUVOIR DE NÉGOCIATION

Le pouvoir de négociation étant essentiellement une « capacité » relative et subjective, la tentation de l'évaluer et même de le prédire en a chatouillé plusieurs. La meilleure preuve de la difficulté de ce faire, c'est qu'encore aujourd'hui aucun de ces modèles n'est universellement reconnu. Cela démontre clairement, non seulement la complexité de la notion elle-même, mais la difficulté de l'évaluer, de l'estimer de façon à être utile dans l'application pratique de ce processus qu'est la négociation collective. Kochan et Katz (1988, p. 239) soutiennent ce point de vue : « Despite the voluminous

literature on the negotiation process, theoretical models of negotia
that are supported by empirical evidence are quite sparse. »

Économistes, politicologues, théoriciens de la théorie des jeux,
chologues, comportementalistes, etc., ont tous offert des modèles du
voir de négociation, tous aussi perfectionnés les uns que les autres. Mais ils
ont souvent eu le même défaut de base : la mesure de la notion de pouvoir
de négociation dépend exclusivement de variables relevant de leurs disciplines ou de leurs approches respectives. Et cela est *a priori* faux, incom-
plet et incorrect car on sait que la réalité ne peut pas être vue que d'une
seule façon.

Examinons brièvement, en les regroupant, ces modèles d'estimation
du pouvoir de négociation qui, en somme, découlent des approches à l'étude
du processus de négociation. Ce n'est pas ici notre objectif de les présenter
de façon exhaustive, d'autres l'ayant fait avant nous (par exemple, Hébert,
1992).

Hébert (1992) a présenté une excellente synthèse des modèles de
négociation collective dont découlent les modèles de pouvoir de négociation. La présente section s'en inspire largement. Cette synthèse sera utile
pour la construction et la présentation de notre modèle synthèse du pouvoir de négociation.

Plusieurs approches ont été utilisées pour expliquer la négociation
collective. Entre la fin du XIXᵉ siècle et 1960, c'est l'approche économique
qui fut surtout privilégiée. Depuis 1960 sont apparus les modèles mixtes et
les modèles institutionnels, interprétatifs, systémiques et stratégiques. Il y
eut certainement d'autres approches. Rappelons l'approche contextuelle
dont Hébert et Vincent (1980) font un tour d'horizon et l'approche
sociopsychologique expérimentale que Kervin (1988) aborde. Mais, n'y
recourant pas directement pour la construction de notre modèle, nous
préférons nous concentrer sur les deux premières approches présentées
ici sous forme de synthèse.

L'approche économique

L'approche économique, la plus ancienne, occupera une place d'autant
plus importante dans notre modèle synthèse que celui-ci vise d'abord et
avant tout le secteur privé.

Abordant la négociation collective en y voyant le salaire comme enjeu principal, l'approche économique, première dans le domaine, est plutôt statique en ce qu'elle pose comme hypothèses que les décideurs négocient
dans un contexte de rationalité et d'informations complètes sur leurs propres objectifs ainsi que ceux de l'autre et que ces objectifs sont fixes pendant le processus de négociation. Voilà des hypothèses héroïques ! Malgré

tout, nous retiendrons, entre autres, certains concepts comme la zone de contrat, l'élasticité de la demande du produit et de la demande de travail, l'avantage d'être petit, les coûts d'accord et de désaccord. Voyons les principales contributions de cette approche économique.

Le premier groupe de modèles économiques, et le plus vieux, est celui du monopole bilatéral, qui regroupe trois auteurs : Edgeworth (1881), Pigou (1905) et Zeuthen (1930). Par monopole bilatéral, il faut entendre un marché où il n'y a qu'un seul acheteur et un seul vendeur, en l'occurrence, pour ce qui nous préoccupe, un employeur et un syndicat qui n'ont d'autre choix que de transiger. Les deux premiers auteurs voient la négociation collective comme un exercice visant une évaluation des possibilités offertes aux parties en matière d'emploi et de salaire et dont le résultat se situera à l'intérieur d'une zone de contrat, zone que Zeuthen (1930) établit à partir d'un nouveau concept, celui de l'appréciation du risque acceptable. Cette appréciation permet de donner une base rationnelle à la décision de faire des concessions, puisque celles-ci doivent nécessairement respecter les limites de la zone de contrat. Il y aura règlement lorsque les volontés respectives de risquer le conflit, dont la probabilité fait varier gains et pertes, sont équivalentes.

La seconde contribution à l'approche économique, et probablement l'une des plus célèbres, est celle de Hicks (1932). Toujours basé sur les hypothèses héroïques précitées, ce modèle, dit de la durée « anticipée de la grève », relie le niveau des salaires aux répercussions de la durée « anticipée » de la grève, c'est-à-dire que les parties sont prêtes à endurer pour l'obtenir. Plus le niveau de salaire demandé par le syndicat est élevé de fait ou d'image, en soi ou par rapport à ce qu'il serait en l'absence de syndicat, plus l'employeur est prêt à endurer un conflit de longue durée. Le degré de résistance d'une partie peut être certes réel, mais il peut, par tactique, être feint. En effet, la menace d'une grève, par exemple, peut être plus efficace que la grève elle-même. Il y aura entente lorsque la courbe de concession de l'employeur rencontrera la courbe de résistance du syndicat, tel qu'il appert du graphique 1.

Malgré les limites de ce modèle, en raison surtout des hypothèses sur lesquelles il est fondé, il constitue un point de départ intéressant pour la construction d'un modèle plus utile. Pen (1952 et 1959) a élaboré le sien en reprenant le concept d'estimation du risque acceptable présenté par Zeuthen (1930) selon lequel l'équilibre est atteint lorsque la volonté de risquer est égale au risque correspondant. Il y ajoute cependant les objectifs et les préférences, rationnelles et irrationnelles, des parties. Il déborde ainsi la stricte approche économique.

Graphique 1
LE MODÈLE DE HICKS

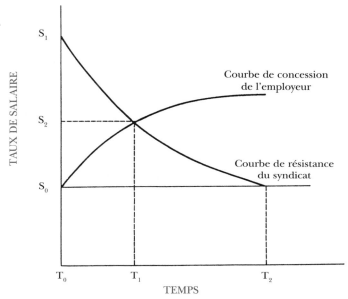

Où : S_0 est le taux de salaire que l'employeur est prêt à payer en l'absence de syndicat.

   S_1 est le taux de salaire désiré par le syndicat.

   S_2 est le taux de salaire de l'entente.

Cette notion modifiée de risque acceptable trouve application dans un contexte de relation bimodale entre employeur et syndicat : une relation de dépendance et une relation d'indépendance. Ainsi, le pouvoir de l'employeur sera d'autant plus grand que le syndicat dépend de lui et l'employeur est indépendant du syndicat. Et inversement pour le syndicat.

Le degré de dépendance ou d'indépendance dans un tel contexte dépendra de facteurs concrets reflétant la fragilité relative d'une partie, son caractère essentiel, son degré de résistance, sa capacité de substitution, etc.

Le quatrième modèle ici retenu est celui de Chamberlain (1955) qu'il reprit avec Kuhn en 1965. Leur modèle dit de pouvoir de négociation est dynamique et variable dans le temps ; il inclut les aspects monétaire et non monétaire et admet l'influence de facteurs extérieurs aux parties, telles les conditions de l'économie, l'influence du gouvernement et l'opinion publique.

Ainsi, selon ce modèle, le pouvoir de négociation d'une partie dépend du coût de l'accord et du coût du désaccord pour l'autre partie. Le pouvoir de négociation d'une partie sera donc augmenté par tout élément susceptible de diminuer le coût de l'accord pour l'autre partie ou d'augmenter le coût de son désaccord (Boivin et Guilbault, 1989).

Rappelons que le coût de l'accord est le sacrifice consenti par une partie du fait de l'acceptation de la proposition de l'autre partie. Le coût du désaccord est, pour sa part, le sacrifice consenti par une partie du fait du refus de la proposition de l'autre partie (Rondeau, 1995).

Dans un tel contexte, il y aura entente entre les deux parties lorsque, pour chacune d'elles, le coût de l'accord sera égal ou plus bas que le coût du désaccord. Tant qu'il en coûtera, pour une partie, moins cher de dire non que d'acquiescer, le conflit perdurera. Il ne sera alors pas surprenant de voir chacune des parties recourir à des tactiques visant à faire augmenter le coût de désaccord ou à faire baisser le coût de l'accord de l'autre partie.

Le problème dans l'application de ce modèle tient de la notion de coûts et de leur mesure. Quels coûts ? Comment les mesurer ? En plusieurs cas, la partie subjective d'une telle évaluation des coûts relève de l'expérience. Nous retiendrons cependant plusieurs éléments de ce modèle dans la construction de notre modèle synthèse.

L'on pourrait être tenté ici de référer, comme autre modèle, à la théorie des jeux. Nous ne croyons pas cette théorie utile à la construction d'un modèle synthèse d'évaluation du pouvoir de négociation puisqu'elle vise essentiellement à expliquer de façon générale les choix des stratégies à partir de la rationalité du jeu.

Les modèles mixtes

On les appelle modèles mixtes parce que leurs auteurs ont eu recours à d'autres disciplines telles la sociologie, la science politique, la psychologie pour apprécier le phénomène sous étude sans pour autant rejeter l'apport de l'approche économique.

Les modèles mixtes postulent des degrés de rationalité et d'information moindres que les tenants de l'approche économique. Ici, le concept de pouvoir est un déterminant crucial de la négociation. Son évaluation se fera donc dans une perspective beaucoup plus large, en embrassant, au-delà du salaire, l'ensemble des questions négociables dans une perspective surtout behavioriste ou comportementale. Aux fins de notre propos, nous ne retenons que deux modèles mixtes : celui de Walton et McKersie (1965) et celui de Bacharach et Lawler (1981).

Walton et McKersie (1965) ont innové, d'abord et avant tout, en cessant de voir la négociation collective comme essentiellement distributive pour offrir une autre conception, celle de la négociation collective intégrative, l'ancêtre de ce qu'on appelle, hélas, maintenant la négociation raisonnée. Expliquons cette distinction.

La négociation distributive ou négociation traditionnelle installe les parties dans un jeu à somme fixe et nulle : ce que l'une partie gagne, l'autre le perd. Ici, l'adaptation mutuelle est possible dans les limites d'une zone de contrat, imprécise, mais située entre le point de résistance de chacune (niveau d'utilité le plus bas) et le maximum réel atteignable.

La négociation collective intégrative est d'une autre approche. Ce type de négociation cherche à trouver une solution qui profite aux deux parties ou, du moins, n'en pénalise aucune. Il ne cherche pas à distribuer la richesse mais plutôt à résoudre des problèmes au profit des parties en présence. Nous nous attarderons plus en profondeur à ce type de négociation plus loin. Qu'il suffise ici de retenir que la négociation collective intégrative se vit dans un contexte fort différent de celui de la négociation traditionnelle, conférant à l'analyse et au rôle du pouvoir de négociation une couleur bien particulière. Au-delà de l'omniprésence de la notion du pouvoir de négociation, on retrouve une relation de collaboration dans la recherche conjointe de solution.

Ce modèle comporte deux autres volets ou sous-systèmes.

D'abord, celui des relations interpersonnelles établies entre les représentants des parties, leurs attitudes et leurs comportements. Ainsi, un climat amical, coopératif et de confiance entre les parties n'apportera pas le même genre de négociation qu'un climat agressif, conflictuel et de méfiance.

La dernière composante de ce modèle vise plus les structures internes de négociation de chaque organisation qui y est concernée. Bien qu'on devra revenir sur ce sujet au chapitre suivant, qu'il suffise ici de mentionner l'importance de la négociation interne à toute organisation, ne serait-ce que pour la définition des objectifs de la négociation en préparation, pour la définition du mandat de l'équipe de négociation et de son négociateur en chef et les problèmes politiques qui surviennent.

Ce modèle de Walton et McKersie a beaucoup influencé le monde des relations du travail et l'influence encore. Il s'agit ici essentiellement d'une approche multidisciplinaire qui rappelle l'importance des facteurs sociologiques, psychologiques et comportementaux.

Backarach et Lawler (1981), comme Pen (1952, 1959), se concentrent sur la dépendance entre les parties, mais, à la différence de Pen, ces derniers débordent le strict plan économique. Pour eux, la négociation collective, dans le contexte de dépendance de chaque partie par rapport à l'autre, permet à chacun d'atteindre des objectifs en tenant nécessairement compte de l'autre. Ainsi, le pouvoir de négociation est influencé par l'état de l'environnement et par les décisions stratégiques de chacune des parties.

Trois notions sont ici importantes. Le pouvoir absolu de chaque partie, c'est-à-dire le pouvoir *per se*, le pouvoir relatif de chaque partie, c'est-à-dire le pouvoir absolu de l'une pondérée ou mise en relief par rapport au pouvoir de l'autre, et le pouvoir de la relation elle-même entre ces deux parties. Si ces trois niveaux de pouvoir trouvent leurs sources dans le degré de dépendance de l'une envers l'autre, la dépendance de A envers B augmentera toujours le pouvoir de B.

Dans un tel contexte, l'augmentation du pouvoir absolu ou relatif de négociation d'une partie découlera d'une baisse de sa dépendance envers l'autre. D'où, vu la subjectivité ici impliquée, contrairement à l'approche strictement économique, la nécessaire référence à l'utilisation de stratégies et de tactiques.

Contrairement aux modèles économiques, il est ici postulé que l'information n'est jamais complète, d'où la nécessité d'une collecte constante de renseignements, pendant la négociation, pour évaluer de façon continue les trois niveaux de pouvoir de négociation. Ce modèle est également multidisciplinaire en incluant des facteurs de tous ordres qui peuvent très bien être interdépendants.

Ces modèles mixtes ajoutent donc une composante comportementale fort utile à l'approche économique et soulève l'aspect réactif, dynamique de toute négociation collective qui, somme toute, est un processus qui se réalise entre humains.

Certes, il existe beaucoup d'autres écrits et approches de la négociation collective. Mais, à des fins d'initiation à la négociation collective, la revue que nous en avons faite, dans l'optique de dégager les principales variables qui déterminent le pouvoir de négociation, devrait suffire.

Ainsi, d'Edgeworth (1881), de Pigou (1905) et de Zeuthen (1930), nous retenons les notions de zone de contrat et de propension au risque se rapportant à l'importance des facteurs financiers et économiques dans l'environnement de la négociation collective.

Hicks (1932) nous enseigne l'importance du *bluff* dans un contexte de capacité de résistance et de la distinction entre les coûts d'accord et les coûts de désaccord. Pen (1952, 1959) ajoutera la présence de facteurs tangibles et rationnels et insistera sur l'importance du degré d'interdépendance entre les parties. Chamberlain (1955) établira que les coûts d'accord et les coûts de désaccord ne sont pas ni seulement économiques ni toujours tangibles.

Walton et McKersie (1965) ajouteront à l'étude du pouvoir de négociation en soulignant l'importance des valeurs, des attitudes et des comportements des parties. Ils ajoutent donc un aspect psychologique et comportemental fort utile. Finalement, Bacharach et Lawler (1981) poursuivent dans la même veine, élargissant la notion de dépendance déjà existante, en établissant que le pouvoir de négociation peut être absolu, relatif et total, et en soulignant la dynamique du concept de pouvoir de négociation en rappelant la nécessaire constante collecte d'information pour régulièrement réévaluer le pouvoir de négociation des parties en présence.

Fort de cette revue, présentons maintenant notre modèle synthèse d'estimation du pouvoir de négociation.

MODÈLE SYNTHÈSE D'ESTIMATION DU POUVOIR DE NÉGOCIATION

Nous avons établi l'importance du pouvoir de négociation dans le processus de la négociation collective. Cette importance est telle que tout processus de négociation collective exige, comme préalable, un exercice d'évaluation ou d'estimation de ce pouvoir pour chacune des parties en présence. Or, la plupart des modèles de pouvoir de négociation demeurent théoriques et se prêtent mal à une certaine opérationnalisation.

Nous présentons ici, bien humblement, un modèle d'estimation du pouvoir de négociation. Ce modèle possède les caractéristiques et limites suivantes :

1. Il ne vise, rappelons-le, que le secteur privé.

2. Il se veut simple et facile d'application pratique. Certes, l'esprit mathématique pourra le rendre plus perfectionné, mais tel n'est pas ici notre objectif.

3. Il ne se veut aucunement prédictif. Ce modèle ne constitue en fait qu'un cadre de référence visant l'examen systématique du pouvoir de négociation de chacune des parties concernées avant et pendant une négociation collective.

4. Il ne prétend sûrement pas être exhaustif, le nombre de variables pouvant influencer le pouvoir de négociation, étant en somme variable et indéfini.

5. Il contient des variables qui sont nécessairement interdépendantes à des degrés divers. Vu cependant les variations infinies dans les traductions pratiques de ces interdépendances, nous n'avons d'autre choix que de les traiter ici comme si elles étaient indépendantes. Nous n'offrons donc aucune autre pondération de ces variables que

de rappeler l'importance du facteur économique dans le secteur privé de l'économie. L'application pratique exigera qu'on se penche, de façon continue parce qu'elle est possiblement variable dans le temps, sur cette pondération.

6. Une façon utile d'appliquer ce modèle peut être d'évaluer chaque facteur sur une échelle de 0 à 10 pour, à la fin, en faire la sommation et voir, par rapport au total maximal possible de 50, comment se situe chaque partie eu égard à son pouvoir de négociation.

7. Il contient des variables objectives et subjectives. Leurs quantifications appellent des jugements de valeur, avec les inconvénients que cela entraîne.

8. Finalement, rappelons que l'information est source de pouvoir, en négociation collective comme dans les autres domaines. Cette question de l'information est ici fort importante en ce que chacune des parties à la négociation doit absolument, pour mieux situer son pouvoir relatif, évaluer celui de l'autre. Et la qualité de cette évaluation dépend de l'information disponible ou obtenue.

Notre modèle synthèse d'estimation du pouvoir de négociation (PN) se présente comme suit :

PN = f   (facteurs financiers, économiques, psychologiques et comportementaux, sociopolitiques et résiduels).

Reprenons chacun de ces facteurs.

Les facteurs financiers

L'étude des facteurs financiers vise essentiellement à établir la capacité de résistance financière de l'employeur et du syndicat advenant l'occurrence d'un conflit. Cela implique d'abord de déterminer leur capacité réciproque de payer. De cette étude, il sera alors possible d'évaluer la zone de contrat et le degré d'interdépendance des parties.

La capacité de payer, première variable ici à considérer, peut être réelle ou stratégique. La capacité réelle de payer reflète la santé financière véritable des parties en présence. Elle peut être fort difficile à évaluer correctement, vu le secret qui entoure cette notion dans un contexte de concurrence et vu la tendance à vouloir cacher son degré de richesse. L'information est ici réelle source de pouvoir.

Mais cette capacité de payer peut également être stratégique, c'est-à-dire qu'elle reflétera ce qu'une partie est prête à payer, ce qu'elle considère comme le maximum payable pour en arriver à une entente. Ici, le maximum réel atteignable peut dépendre de jugements de valeur, de préjugés, de comparaison avec les autres, etc. Cette capacité stratégique de payer est la plupart du temps inférieure à sa contrepartie réelle.

Ainsi, un employeur peut avoir la capacité (réelle) de payer des augmentations de salaire de 10 %. Mais il cherchera ou prétendra n'avoir la capacité (stratégique) de payer que 5 %, soit par question de principe, soit par comparaison avec ses concurrents, soit par jugement de valeur sur ce que ses employés méritent, etc.

Il faut faire attention : la capacité de payer (objective et subjective) ne vise pas seulement le salaire ou les questions directement monétaires. Elle vise essentiellement l'ensemble des coûts imputables à la négociation collective et à l'application de l'ensemble de la convention collective. Et cela est vrai tant pour l'employeur que pour le syndicat.

Pour évaluer le degré de résistance future de l'employeur advenant un conflit, il faut s'arrêter, entre autres :

1. À sa santé financière réelle. L'examen du bilan, la connaissance de la place de l'employeur sur le marché des produits, ses projets de conversion ou de développement, etc.

2. À son niveau d'inventaire, s'il en est. Ce sujet est évidemment important, là où les inventaires sont possibles. Plus le niveau d'inventaire est élevé, plus l'employeur pourra résister lors de l'occurrence d'un conflit en pouvant continuer d'approvisionner ses clients. D'ailleurs, il n'est pas rare de voir l'employeur accroître ses inventaires à l'arrivée d'une négociation collective ou dans la perspective d'un conflit ouvert.

3. Aux moyens substituts de rejoindre sa clientèle. Plus un employeur pourra rejoindre sa clientèle par des moyens substituts, plus son degré de résistance sera grand. Ces moyens substituts peuvent être l'existence d'autres succursales non engagées dans la négociation collective, le recours à des courtiers qui peuvent rejoindre directement les clients au nom de l'employeur, l'informatique ou, tout simplement, le téléphone.

Il y a certes d'autres facteurs financiers dont l'examen peut aider à comprendre le degré de résistance d'un employeur face à un conflit éventuel. Ceux que nous avons examinés nous paraissent les plus importants.

Pour évaluer le degré de résistance future du syndicat advenant un conflit, il faut s'arrêter, entre autres :

1. Au fonds de grève ou, comme le dénomme la Confédération des syndicats nationaux (CSN), le fonds de défense professionnelle qui n'est rien d'autre qu'une caisse constituée par un syndicat en vue de

verser certaines indemnités à ses membres en cas de grève (Dion, 1986). Non seulement faudra-t-il s'arrêter à l'existence ou non d'un tel fonds (plus rare, par exemple, chez les syndicats indépendants), mais à sa richesse, à ses règles de fonctionnement, à la période de carence prévue et aux indemnités versées aux grévistes. Évidemment, plus un fonds de grève ou de défense professionnel est riche, libéral et généreux, plus la capacité de résistance du syndicat négociant est élevé sur cet aspect.

2. À l'affiliation du syndicat négociant. En effet, selon que le syndicat soit indépendant ou affilié, cela pourra faire une différence énorme. Il est clair, *a priori*, que les syndicats indépendants, c'est-à-dire non affiliés à une centrale, à une confédération ou à une fédération, pourront être moins résistants financièrement lors de l'occurrence d'un conflit. Dans la mesure où un syndicat est affilié cependant, le scénario est fort différent. Il faudra alors s'enquérir non seulement de l'entité syndicale chargée du fonds de grève ou de défense professionnelle pour le syndicat affilié négociant (la CSN pour les syndicats qui y sont affiliés, les unions mères pour les sections locales d'unions nationales et internationales et les fédérations pour les syndicats d'autres structures), mais aussi de la richesse de ces fonds, de leurs règles de fonctionnement, de la période de carence et des indemnités versées aux grévistes. Le pouvoir de résistance d'un syndicat affilié en dépendra.

3. À la capacité d'emprunt du syndicat négociant. Le principe général ici est le suivant : un syndicat peut emprunter selon son niveau de cotisations perçues et reçues, passées et futures. Cela est certes la règle pour tout syndicat indépendant. La réalité peut cependant être différente pour les syndicats affiliés. À ce moment, sa capacité d'emprunt dépendra non seulement des cotisations qu'ils perçoivent et reçoivent, mais également du degré d'endossement de l'organisme à qui ils sont affiliés ou dont ils dépendent. Et ce degré d'endossement dépendra de la richesse relative de cet endosseur et de sa politique interne de soutien des affiliés et des sections locales.

4. À la solidarité des personnes syndiquées engagées dans la négociation. Solidarité idéologique certes, mais également solidarité financière. Plus l'entraide financière entre les syndiqués engagés dans une négociation collective sera grande, plus leur résistance croîtra.

5. Au rôle du conjoint, non seulement comme soutien moral durant un conflit, mais comme aide financière importante. Plus les conjoints des personnes syndiquées travaillent et plus ils y reçoivent une bonne rémunération, plus la résistance syndicale sera grande lors d'un conflit.

6. À l'existence de double emploi chez les personnes engagées dans un conflit et à la possibilité pratique qu'elles trouvent un autre travail pendant un conflit. Évidemment, plus les gens auront recours à des emplois de substitution, plus ces emplois seront bien payés, plus la résistance syndicale sera grande.

7. Au degré d'endettement des membres syndiqués engagés dans une négociation collective. Plus le niveau de dettes personnelles et familiales des gens sera élevé, plus leur résistance financière sera faible.

D'autres facteurs pourront avoir une influence sur le degré de résistance syndicale lors d'un conflit. Pensons à l'âge, au sexe, aux différences culturelles, etc. Mais il demeure qu'il faut faire l'effort d'évaluer la résistance financière de chacune des parties concernées dans une négociation collective.

Les facteurs économiques

Que l'économique tienne une place prépondérante dans la détermination du pouvoir de négociation dans le secteur privé tient presque de l'évidence. La force relative des parties dépend essentiellement du marché où elles sont actives.

Il ne s'agit pas pour nous ici de reprendre un cours d'économique du travail de base. Nous rappellerons plutôt ces éléments économiques les plus importants dans la détermination du niveau de pouvoir de négociation. Ces éléments relèvent tant du marché du produit que du marché du travail. Cela est certes inévitable, puisque la demande de travail est une demande dérivée de la demande du produit et de la façon de produire. Ainsi, les travailleurs qui produisent des autoneiges verront leur niveau d'emploi baisser si les ventes d'autoneiges baissent ou si l'employeur décide de changer la façon de produire les autoneiges en ayant recours à la robotique, par exemple. Imaginons l'effet négatif sur l'emploi de l'occurrence simultanée d'une baisse de demande du produit et d'une substitution des gens par des machines.

Dans un tel contexte, la force relative d'un groupe dépendra du sort que réserve le marché au produit ou au service qu'il fabrique ou fournit, de la place relative qu'occupe le facteur travail par rapport aux autres facteurs de production et des répercussions d'un tel groupe sur les coûts et les prix.

En termes économiques, le pouvoir de négociation d'un groupe dépendra surtout de quatre facteurs :

1. l'élasticité de la demande du produit ;

2. la facilité de substituer d'autres facteurs de production ;

3. l'importance des coûts main-d'œuvre dans les coûts totaux de production ;

4. les degrés de concurrence et de fragmentation.

Reprenons chacun de ces facteurs.

L'élasticité de la demande du produit

D'entrée de jeu, rappelons qu'en économique l'élasticité est un concept largement utilisé qui mesure la force de la liaison entre deux variables, le prix (salaire) et la quantité (de produits ou de travail). Il s'agit donc ici de la sensibilité de la quantité demandée aux variations du prix du produit.

On dit qu'une demande est élastique lorsqu'une variation à la hausse du prix entraîne une baisse proportionnellement plus grande de la quantité demandée ou vendue. À l'opposé, une demande inélastique reflète cette situation où une hausse du prix entraîne une baisse proportionnellement plus petite de la quantité demandée ou vendue.

Le graphique 2 illustre ces deux réalités.

Graphique 2

ÉLASTICITÉ DE LA DEMANDE DU PRODUIT

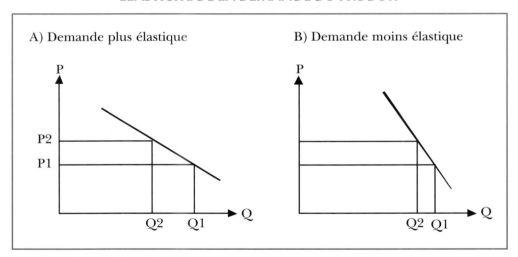

Source : Dussault (1997).

On associe généralement une demande moins élastique à un produit essentiel (son caractère essentiel explique que les consommateurs doivent en consommer à peu près la même quantité, même si le prix augmente ;

l'électricité serait un bon exemple) ou à un produit qui a peu de substituts (quand un produit a de nombreux substituts, les consommateurs vont remplacer la consommation de ce produit par celle des substituts si le prix du produit augmente ; le beurre et la margarine seraient deux produits substituts). Il peut se passer un certain temps entre l'augmentation du prix d'un produit et le transfert de consommation vers des biens substituts (par exemple, changer ses habitudes de consommer du thé et du café ou encore passer du chauffage à l'huile au chauffage à l'électricité), ce qui fait que la demande des produits est plus élastique à long terme qu'à court terme (Dussault, 1997).

Pourquoi une augmentation de salaire serait-elle associée à une perte d'emplois plus grande (en pourcentage) pour les travailleurs affectés à la production du bien A que pour les travailleurs affectés au bien B ? L'explication se trouve dans l'effet d'une hausse de salaire sur les coûts de production, et d'une hausse des coûts de production sur le prix du produit. Supposons que, pour chacun des marchés, une augmentation de salaire de 10 % provoque une augmentation de prix de 5 %. Sur le marché A, puisque la demande est élastique, la réduction de la quantité demandée sera forte, disons 7 % alors qu'elle n'est que de 2 % sur le marché B. Les entreprises vont évidemment adapter leur niveau de production à leur niveau de vente. Sur le marché A, on constatera donc une réduction du niveau de production de 7 %. Sur le marché B, la réduction du niveau de production ne sera que de 2 %. La réduction du niveau d'emploi sera donc plus prononcée sur le marché A que sur le marché B. En réponse à une même variation de taux de salaire, on voit une réduction de la quantité demandée de travail beaucoup plus forte sur le marché A que sur le marché B. L'élasticité de la demande de travail y est plus grande (Dussault, 1997).

En bout de ligne alors, la demande de travail sera d'autant plus élastique que la demande du produit est élastique.

En ce qui a trait au pouvoir de négociation, toutes choses étant égales par ailleurs, sur le plan économique, plus la demande du produit, et partant la demande de travail, sera élastique, plus le pouvoir de négociation des travailleurs sera faible, et inversement.

Pensons, par exemple, aux secteurs de l'alimentation et des produits pharmaceutiques. Les travailleurs du premier secteur auront moins de pouvoir que les travailleurs du second, puisque, dans le premier secteur, non seulement l'effet sur la demande du produit sera plus grand pour une même augmentation du prix, mais également parce qu'une augmentation de coûts de main-d'œuvre peut plus difficilement être absorbée par une augmentation du prix ou par une baisse de profit.

La facilité de substituer d'autres facteurs de production

Plus la facilité de substituer le facteur travail par d'autres facteurs de production est grande, plus le pouvoir de négociation des travailleurs sera petit, toutes choses étant égales par ailleurs.

Dans un tel contexte, il est facile de comprendre que, plus un travailleur ou un groupe de travailleurs sont essentiels ou rares, plus il sera difficile de leur substituer d'autres facteurs de production et, alors, leur pouvoir de négociation n'en sera que plus grand.

L'importance des coûts de main-d'œuvre dans les coûts totaux de production

C'est ce qu'on a traditionnellement appelé « l'avantage d'être petit ». L'influence de ce déterminant s'énonce et s'explique comme suit : toutes choses étant égales par ailleurs, plus les coûts de main-d'œuvre d'un groupe donné de travailleurs représentent une part importante des coûts totaux de production, plus son pouvoir de négociation sera petit, et inversement.

Les liens de causalité sont les suivants : la même augmentation du taux de salaire augmentera davantage les coûts totaux de production là où les salaires constituent une plus grande fraction des coûts totaux. La plus grande augmentation des coûts de production entraînera une plus grande hausse de prix du produit. La plus grande augmentation de prix fera diminuer davantage la quantité demandée. La plus grande baisse des ventes fera diminuer le niveau de production, donc le niveau d'emploi. La demande de travail sera plus élastique (Dussault, 1997).

On peut illustrer ce raisonnement par un exemple fictif. Supposons que, dans une raffinerie, les salaires représentent 10 % des coûts de production alors que, dans les garderies, ils en représentent 90 %. Une augmentation de 10 % des salaires fera augmenter les coûts totaux de production de 1 % dans la raffinerie et de 9 % dans les garderies. À la limite, le prix des produits de la raffinerie augmentera donc de 1 % et le prix des services de garderie de 9 %. En supposant une même élasticité de la demande des produits sur ces deux marchés, la baisse de la demande sera plus grande pour les services de garderie puisque l'augmentation de prix y est plus grande. Si la quantité vendue, donc produite, diminue davantage sur ce marché, la quantité de travail demandée diminuera davantage aussi. La même augmentation de salaire de départ sera donc associée à une perte d'emplois plus importante sur le marché des garderies que sur le marché des produits raffinés. La demande de travail y sera plus élastique (Dussault, 1997).

L'avantage d'être petit, dans un tel contexte, provient du degré moindre de dérangement d'une variation à la hausse des coûts de main-d'œuvre.

Les degrés de concurrence et de fragmentation

Plus le degré de concurrence est élevé dans un marché donné, reflétant alors un haut degré de fragmentation, plus il sera difficile à un employeur donné de faire absorber une hausse de coûts par une hausse de prix. À l'opposé, une situation monopolistique sur le marché du produit permettra de passer plus facilement une hausse de prix aux consommateurs. Cela sera encore plus vrai, dans ce dernier cas, si la demande du produit est moins élastique.

Dans un tel contexte alors, plus les degrés de concurrence et de fragmentation sont élevés, plus faible est le pouvoir de négociation du syndicat, toutes choses étant égales par ailleurs. L'exemple de l'industrie de la restauration illustre bien ce principe.

Somme toute, le pouvoir de négociation, du côté économique, dépend essentiellement de ces facteurs qui déterminent l'élasticité de la demande de travail et, de façon corollaire, des degrés de concurrence et de fragmentation propres à une industrie ou à un secteur d'activité donné.

Les facteurs psychologiques et comportementaux

De tous les facteurs retenus ici comme déterminant le pouvoir de négociation, les facteurs psychologiques et comportementaux sont non seulement les plus difficiles à évaluer, mais également les plus ardus à simplement repérer, vu leur multitude possible.

En effet, nul besoin de rappeler ici que la négociation collective, comme toute négociation, se vit, se fait entre humains. Non seulement alors y a-t-il un monde de perception, mais les individus qui négocient en font l'exercice en tant qu'individu jouant un rôle, celui de négociateur, avec un mandat donné. Alors, les facteurs psychologiques et comportementaux influençant le pouvoir de négociation tiennent des individus eux-mêmes, du rôle qu'ils jouent et du mandat qui les encadre.

Attention, il y a lieu ici de faire trois mises en garde. D'abord, nous ne nous penchons ici que sur quelques facteurs psychologiques et comportementaux pouvant influencer le pouvoir de négociation et non sur le déroulement de la négociation. Hébert et Vincent (1980), entre autres, se sont arrêtés sur ce dernier aspect. Cependant, vu l'aspect dynamique de toute négociation collective, le pouvoir de négociation peut changer en cours d'exercice. Sans examiner le déroulement même de la négociation collective, il faudra voir comment ces facteurs psychologiques et comportementaux peuvent changer en cours d'exercice et ainsi modifier le pouvoir de négociation des parties.

Une autre mise en garde s'impose. Plusieurs des facteurs présentés ici auront ou pourront avoir une influence nette sur les stratégies de négociation, et inversement. Il faudra alors s'en rendre compte et être prudent en évitant de confondre les effets sur le pouvoir de négociation et les effets sur les stratégies et les tactiques.

Finalement, nous ne prétendons aucunement être exhaustif dans la présentation des facteurs psychologiques et comportementaux affectant le pouvoir de négociation. Bien au contraire, nous n'avons retenu que les facteurs que nous croyons les plus importants. On pourrait certes en ajouter.

La personnalité et la réputation du ou des négociateurs

La négociation se fait entre humains, nous l'avons dit. À ce seul titre, toutes les variables psychologiques et comportementales propres aux relations interpersonnelles entrent en jeu. Confiance, défiance, conflit de personnalités, antipathie, sympathie, etc., sont sous-jacents à ces relations interpersonnelles qui compliquent tout processus de négociation.

Dans la mesure où une partie connaît à l'avance l'identité du négociateur de l'autre partie, la personnalité négative, agressive, méfiante etc., de celui-ci nuira à son pouvoir de négociation ou, tout au moins, à sa réalisation pratique.

La réputation d'un négociateur est déterminante. En effet, le négociateur qui a une réputation de haute crédibilité, de bonne analyse, de bon jugement, de parole tenue, de flexibilité, d'imagination, de bon *bluffeur* et d'approche coopérative verra, toutes choses étant égales par ailleurs, le pouvoir de négociation de la partie qu'il représente être accru. L'inverse est également vrai. Un manque de crédibilité de l'un amènera la surdité de l'autre.

La représentativité du négociateur

Quelle est la qualité du lien du négociateur avec le groupe qu'il représente ? Un négociateur représentatif de son groupe a la confiance et l'appui de celui-ci. Son lien avec son groupe étant étroit, il a un mandat plus large, plus souple qui lui laisse de la latitude. En bout de ligne, il soulèvera plus de crédibilité et, partant, toutes choses étant égales par ailleurs, le pouvoir de négociation de son groupe en sera positivement influencé.

L'inverse est également vrai. Lorsqu'un négociateur peut se faire demander ou se fait demander qui il représente, sa crédibilité tend inévitablement vers zéro. Il en sera de même, toutes choses étant égales par ailleurs, du pouvoir de négociation du groupe qu'il dit représenter.

Image à défendre

Il s'agit ici de l'image des parties elles-mêmes, c'est-à-dire de l'employeur et du syndicat. Plus la partie A cherchera à défendre son image publique et plus elle y mettra de l'intensité, plus elle se rend vulnérable aux actions (attaques) de l'autre, et plus le pouvoir de négociation de B en sera accru, toutes choses étant égales par ailleurs.

Le niveau d'aspiration

Le message est ici très clair : plus le niveau d'aspirations et de demandes de A est perçu par B comme étant élevé et même exagéré, plus la crédibilité de A sera minée et, toutes choses étant égales par ailleurs, plus son pouvoir de négociation sera affaibli.

Toute demande exagérée au point où elle insulte l'intelligence de l'autre amènera le retrait de cette partie à qui la demande est faite. Il est facile de demander la lune et, en apparence, cela ne coûte rien. Mais attention, il y a un coût à une telle demande, celui de perdre sa crédibilité et ainsi de menacer l'existence même de la relation que suppose toute négociation.

Les facteurs psychologiques et comportementaux affectent le pouvoir de négociation avant et pendant la négociation. Ils sont nombreux en ce qu'ils peuvent varier dans le temps et également dans l'espace. Pensons, par exemple, aux variables importantes que peuvent connaître ces facteurs selon les cultures où le symbolisme peut s'exprimer différemment, selon les cultures régionales, selon les traditions et les habitudes propres à certaines industries et selon les cultures d'entreprises.

Devant la variété des facteurs psychologiques et comportementaux pouvant affecter le pouvoir de négociation, nous en avons retenu quatre, formant le plus petit commun dénominateur des situations inventoriées sous cet aspect.

Pour chaque cas précis, il y en aura forcément d'autres. Il faudra prendre le soin de les examiner.

Les facteurs sociopolitiques

Essentiellement, il s'agit ici de déterminer le degré d'influence de l'appui d'une communauté à l'une des deux parties à l'occasion d'une négociation collective et, surtout, à l'occasion d'un conflit ouvert.

A priori, ces facteurs sociopolitiques auraient une importance moindre dans le secteur privé que dans le secteur public vu leurs objectifs différents. Cependant, on ne peut pas dire que ces facteurs soient complètement absents de toute négociation dans le secteur privé et surtout dans cette partie du secteur privé qui fournit des services publics comme la téléphonie, les centres de protection de l'enfance, le transport, etc.

En effet, dans la mesure où le public constitue une valve de sécurité dans notre système de relations du travail, en bout de ligne et en certaines circonstances, ces facteurs pourront même jouer un rôle primordial. Ce sera, la plupart du temps, dans ces situations où le public ou la communauté qui subit un conflit ouvert est dérangé ou même menacé. Cela est encore plus probable pour les services publics fournis par le secteur privé.

Lorsque de telles circonstances se présentent, ce qui, admettons-le, n'est pas fréquent, la question devient alors : s'il devait y avoir conflit ouvert, l'appui du public irait à laquelle des deux parties ? Et, toutes choses étant égales par ailleurs, la partie jouissant du soutien du public verra son pouvoir de négociation accru.

Le soutien communautaire à l'une ou l'autre des parties à une négociation collective peut prendre une autre forme : celle du soutien réglementaire par lequel une partie peut jouir d'un pouvoir de négociation artificiellement plus grand qu'en son absence.

Pour mieux saisir cet aspect, examinons l'expérience des écoles de conduite au Québec. Originalement, l'industrie des écoles de conduite connaissait une grande concurrence, était très fragmentée et le pouvoir de négociation des parties en présence était d'autant plus faible que la demande pour ce service était très élastique.

En obligeant, par règlement, les nouveaux conducteurs à suivre des cours pour l'obtention de leur permis de conduite, le gouvernement rendait la demande de ce service beaucoup moins élastique, avec les conséquences que l'on connaît maintenant de l'inélasticité relative sur le pouvoir de négociation. En éliminant, plus récemment, cette obligation de suivre un cours pour l'obtention d'un permis de conduire, le gouvernement remettait les parties dans leur situation originale.

D'autres industries jouissent d'un tel soutien réglementaire, souvent suite aux pressions syndicales : les agences de sécurité, la construction, la câblodistribution, etc.

Cet aspect du soutien réglementaire devient donc d'autant plus important que son effet direct sur l'élasticité de la demande de produit, donc sur l'élasticité de la demande de travail, est tel qu'il devient beaucoup plus facile de refiler les augmentations de coûts de production aux consommateurs par une augmentation des prix.

Les facteurs sociopolitiques exercent rarement une influence sur le pouvoir de négociation des parties dans une négociation collective dans le secteur privé. Mais encore faut-il s'assurer, par un examen minutieux de la réalité, de cette absence d'influence. Nous avons retenu deux situations possibles où ces facteurs sociopolitiques peuvent avoir une influence. Il pourra certes y en avoir d'autres. L'examen de chaque cas le dira.

Les facteurs résiduels

Essentiellement, les facteurs résiduels comprennent des éléments ou des événements imprévisibles influençant directement, et souvent seulement temporairement, le pouvoir de négociation. Parmi la kyrielle de tels éléments ou événements, nous en avons retenu trois : la température, l'occurrence d'un événement *ad hoc* et le moment de l'expiration de la convention collective.

La température

Les aléas de la température peuvent conférer à une ou aux deux parties à la négociation collective un très grand pouvoir de négociation vu le caractère de presque parfaite inélasticité de la demande du produit, donc de la demande de travail, qu'ils entraînent. Pensons, par exemple, au verglas dans la région de Montréal en janvier 1999, à l'inondation au Saguenay en 1996, etc. Dans de telles circonstances, le pouvoir de négociation des monteurs de lignes et des gens de la construction, entre autres, venait de connaître un accroissement automatique.

Cependant, il y a deux limites à un tel immense pouvoir de négociation provoqué par les aléas de la nature : d'abord, il est essentiellement temporaire, ne durant ou ne pouvant avoir effet que le temps que les choses reviennent à la normale. Ensuite, qu'un groupe profite d'une telle situation pour « saigner » l'employeur ou les consommateurs est fort dangereux pour leur image future. En ce domaine, comme en bien d'autres, la mémoire peut être longue.

L'occurrence d'un événement *ad hoc*

Il s'agit ici de la tenue d'un événement extraordinaire annoncé un peu à l'avance, généralement d'envergure et qui suscite l'apport de produits et de services particuliers. Pensons, par exemple, à la visite du pape à Québec, aux Jeux olympiques à Montréal, au Sommet des Amériques à Québec ou au Congrès de l'ACFAS à Rimouski.

Ces événements ont ceci de particulier qu'ils sont prévus à une période précise, à des dates précises. Plus le moment de la tenue effective de ces événements approchera, plus le pouvoir de négociation des travailleurs à l'emploi d'entrepreneurs fournissant biens et services nécessaires à ces événements s'accroîtra.

L'exemple des demandes de dernière minute par les travailleurs d'une entreprise d'enseignes qui les embauchait lors de la visite du pape à Québec devrait ici être suffisant. Devant de telles demandes, l'employeur sera tenté de céder pour pouvoir respecter son contrat. Une fois le pape parti, cependant, les parties continueront de vivre ensemble. On retrouve alors ici les deux mêmes limites à un tel avantage qu'au facteur précédent.

Le moment d'expiration d'une convention collective

Ce facteur est important et, rappelons-le, il est, sauf dans la construction au Québec, négociable.

Il devrait être clair que chacune des deux parties à la négociation collective cherchera à déterminer le moment de l'expiration de sa convention collective à une période où elle sera plus forte ou moins vulnérable par rapport au marché du produit ou à l'organisation de la production. Si cette recherche s'explique par le fait que la grève ou le lock-out sont interdits durant la vie d'une convention collective, le moment de l'expiration de celle-ci influencera le pouvoir relatif de négociation des parties lors du renouvellement de cette convention, selon que l'on se retrouve en période de haute ou de basse demande pour le produit.

Ainsi serait-il inutile et improductif pour les enseignants de vouloir déterminer en juin le moment de l'expiration de leur convention collective. Les cols bleus municipaux préposés au déblaiement de la neige ne choisiront pas mai, juin ou juillet. Les travailleurs de la construction ont vite compris l'importance, pour leur pouvoir de négociation, du changement de date d'expiration de leur convention collective du 30 avril au 31 décembre par une loi, alors que le Parti libéral du Québec était au pouvoir. Ce sujet est à ce point important que le gouvernement du Parti québécois qui a suivi a rétabli au 30 avril la date d'expiration de ces conventions collectives.

Donc, plus la date d'expiration d'une convention collective se rapproche de la période de pointe de la demande du produit ou du service pour un groupe de travailleurs donnés, plus leur pouvoir de négociation, toutes choses étant égales par ailleurs, sera grand.

Il est clair que le nombre de facteurs résiduels influençant le pouvoir de négociation peut varier presque à l'infini. Cela suggère donc, non seulement d'être attentif, mais de maximiser l'information sur ces variables pouvant affecter la situation d'un groupe.

Le tableau 1 présente le résumé de notre modèle synthèse de pouvoir de négociation dans le secteur privé.

Tableau 1

MODÈLE D'ESTIMATION DU POUVOIR DE NÉGOCIATION
DANS LE SECTEUR PRIVÉ

PN = f	Facteurs financiers	Facteurs économiques	Facteurs psychologiques et comportementaux	Facteurs sociopolitiques	Facteurs résiduels
	Capacité de payer	Élasticité de la demande du produit	La personnalité et la réputation des négociateurs	Soutien du public	Température
	Résistance			Soutien réglemen-taire	Événement *ad hoc*
	Employeur	Facilité de substitu-tion d'autres facteurs de production	La représentativité du négociateur		Moment d'expiration de la convention collective
	– santé financière		Image à défendre	Etc.	
	– inventaire	Importance des coûts de main-d'œuvre dans les coûts totaux de production	Niveau d'aspirations		Etc.
	– moyens substituts de rejoindre la clientèle		Etc.		
	– Etc.	Les degrés de concurrence et de fragmentation			
	Syndicat				
	– fonds de grève				
	– affilié ou non				
	– capacité d'emprunt				
	– solidarité				
	– rôle du conjoint				
	– double emploi				
	– degré d'endettement des membres				
	– Etc.				

CONCLUSION

La notion de pouvoir de négociation occupe une place centrale dans l'étude du processus de la négociation collective. Une présentation exhaustive aurait nécessité beaucoup plus. Mais conformément aux objectifs de ce livre, le présent chapitre ne se veut, bien humblement, qu'une initiation à cette notion clef.

La définition fournie de cette notion de pouvoir de négociation souligne qu'il est essentiellement une « capacité » relative, variable et dynamique dans le temps et dans l'espace. En se limitant au secteur privé, cette capacité désigne la possibilité d'infliger ou d'assumer des sanctions économiques.

Cette importance de la notion de pouvoir de négociation pour le sujet qui nous concerne et sa nature même en ont, depuis longtemps, amené plusieurs à tenter de mesurer cette capacité et même à la prédire. Les économistes, d'abord, se sont penchés sur le sujet en présentant des modèles d'estimation du pouvoir de négociation souvent basés sur des hypothèses héroïques. Nous en avons présenté brièvement quelques-uns. Ont suivi les modèles mixtes, qui, sans abandonner l'approche économique, ont ajouté des perspectives sociologiques, politiques et psychologiques. Nous en avons retenu deux. Il y eut certes beaucoup d'autres écrits tant sur ces deux approches que sur d'autres façons de voir les choses. Mais certains éléments peuvent être retenus de cette évolution dans l'étude du pouvoir de négociation :

1. L'analyse l'a toujours été dans la perspective d'évaluer la force relative du syndicat dans la négociation collective. Cette approche est constante non pas parce qu'il y a biais constant en faveur du syndicat, mais plutôt parce que, traditionnellement, le syndicat est considéré comme étant le demandeur en négociation collective. Nous avons abordé ce point au chapitre 2. Il faudrait cependant, avec l'évolution des choses, élargir cette perspective puisqu'il n'est plus rare de voir l'employeur, vu les nouvelle forces de marché élargi, être le demandeur lors d'une négociation collective. Pensons à cet effet, par exemple, à des sujets telles l'organisation du travail, la flexibilité et la sous-traitance.

2. Plus le temps a passé, plus les analystes du pouvoir de négociation ont intégré dans leurs travaux des composantes subjectives pour estimer le pouvoir de négociation. La mesure en est donc d'autant plus difficile.

3. Traditionnellement, l'estimation du pouvoir de négociation se situait à l'intérieur d'un marché de produits (ou de services) dont les frontières étaient connues. L'éclatement des marchés a rendu très difficile, sinon impossible, d'en connaître les contours réels.

4. De ce qui précède découle un déplacement progressif des sources de pouvoir de négociation. Cela sera d'autant plus notoire que le taux de syndicalisation dans le secteur privé fléchira et que l'influence politique des syndicats s'affaiblira.

Notre modèle synthèse n'est pas une théorie. Il se veut uniquement un cadre de référence permettant un examen plus systématique d'une situation donnée. Il n'est donc aucunement prédictif.

Notre modèle réfère à cinq facteurs, certes interreliés et dont une pondération devra être faite cas par cas quant à leur importance relative : les facteurs financiers, économiques, psychologiques et comportementaux, sociopolitiques et résiduels. Ce modèle peut certes être amélioré, car il comporte beaucoup d'intangible et de perceptions. Il doit également être adapté selon les cultures, les industries, les régions, les entreprises, etc.

Mais le pouvoir de négociation est plus qu'une notion théorique. Il se concrétise d'abord et avant tout dans un lieu et à un niveau de négociation. C'est pourquoi il faut maintenant aborder les structures de négociation.

QUESTIONS

1. Qu'est-ce que le pouvoir de négociation ?

2. Pourquoi la notion de pouvoir de négociation est-elle si importante dans le processus de la négociation collective ?

3. Pourquoi la notion de pouvoir de négociation est-elle à la fois dynamique et relative ?

4. Que doit-on retenir de l'approche économique à l'estimation du pouvoir de négociation ?

5. Quelle fut la contribution des modèles mixtes à l'estimation du pouvoir de négociation ?

6. Comment estimer la capacité de résistance des parties lors d'une négociation collective ?

7. Expliquez le rôle de l'élasticité de la demande du produit, donc de la demande de travail dans l'estimation du pouvoir de négociation.

8. Qu'est-ce que l'avantage d'être petit ?

LECTURES SUGGÉRÉES

- BOIVIN, Jean et Jacques GUILBAULT (1989), *Les Relations patronales-syndicales*, 2ᵉ édition, Boucherville, Gaëtan Morin éditeur, p. 211-233.

- HÉBERT, Gérard (1992), *Traité de négociation collective*, Boucherville, Gaëtan Morin éditeur, p. 1059-1101.

CHAPITRE **IV**

Les structures de négociation

*Structures has to do with how unions and employers
organise the collective bargaining relationship
internally and with each other.*

Jack Barbash

A voir plus ou moins de pouvoir de négociation est une chose. Son exercice en est une autre et dépend non seulement du pouvoir que l'on a, mais aussi des règles du jeu et de la stratégie utilisée, légalement ou non. Ainsi voit-on poindre la nécessaire relation entre pouvoir, structures et stratégies de négociation, une inévitable trilogie.

Le présent chapitre s'arrête à la première règle du jeu que les parties s'imposent ou se voient imposer : les structures de négociation, c'est-à-dire, pour reprendre Barbash (1984), la façon dont les parties organisent leurs relations de négociation collective à l'interne et avec l'autre. Nous nous arrêtons d'abord à la nature et aux composantes des structures de négociation, y compris leur définition. Ensuite, il faudra présenter une notion de base, un préalable : l'unité de négociation et l'accréditation. Suivra alors l'état des formes que peuvent prendre les structures de négociation. Enfin, nous examinerons les possibilités de choix de structures de négociation et leurs conséquences.

Pour d'aucuns, l'étude des structures de négociation constitue un sujet aride où l'on soupçonne organigrammes et relations complexes. Il y a certes toujours moyen de compliquer les choses. Cependant, notre propos étant essentiellement initiatique, nous nous arrêtons aux grands principes de base des structures de négociation dans le secteur privé. Il y aura sûrement lieu, plus tard et ailleurs, d'en pousser l'étude plus avant.

NATURE ET COMPOSANTES DES STRUCTURES DE NÉGOCIATION

La négociation collective étant un processus qui concerne à la fois employeurs et syndicats, la structure de négociation désigne l'ensemble des rapports entre ces deux parties et, inévitablement, l'organisation interne de chacune d'elles. Dans un sens large alors, la structure de la négociation collective détermine les contours de l'arène où les parties interagiront, négocieront et régleront leurs problèmes.

Cette arène peut prendre une infinité de formes. Elle peut viser une partie d'une entreprise, se confondre avec l'ensemble de l'entreprise, concerner plusieurs succursales d'une entreprise, couvrir toute une industrie, valoir pour toute une région, etc. La taille de cette arène et les personnes qu'elle affecte deviennent donc fort importantes.

Et chacune des parties dans cette arène a sa propre structure d'organisation. Cela implique alors que toute négociation collective exigera la mise en place d'un réseau complexe de communications, d'abord à l'interne, ensuite entre les deux parties et les tiers. Il est donc clair que les structures respectives de prise de décision, que les choix stratégiques de chacune des parties et que le jeu des pressions politiques qui en découlent deviennent ici des enjeux fondamentaux.

Il faut donc, dès le départ, établir qui négocie, pour qui on négocie et ce qu'on négocie. Ce que Hébert (1992) appelle les enjeux principaux. Gérard Dion (1986, p. 452) définit la structure de négociation comme étant un :

> Ensemble des rapports qui s'établissent dans une négociation et qui, jusqu'à un certain point, en déterminent à la fois le déroulement et le résultat. La structure d'une négociation a de multiples aspects. Elle repose d'abord sur l'unité de négociation, c'est-à-dire sur la structure plus ou moins complexe des groupes de travailleurs pour lesquels on négocie et à qui s'appliquera la convention collective. Elle dépend ensuite de la structure d'organisation des acteurs en cause : les structures patronales et les structures syndicales. Ces deux structures exigent, à l'occasion d'une négociation le moindrement importante, la mise en place d'un réseau complexe de communications, d'abord au sein de chacune des deux parties, mais aussi entre elles et avec une foule d'autres groupes, comme des organismes amis ou concurrents, le public, le gouvernement. Tous ces rapports engendrent des relations de pouvoir à l'intérieur de chaque partie autant qu'entre les parties et même autour de la table de négociation, relations de pouvoir qui font, elles aussi, partie de cette réalité complexe que sont les structures d'une négociation.

Cette définition a de nombreuses implications, notamment :

1. toute structure de négociation implique relations internes (incluant les structures d'appui tels les comités de négociation, les formateurs et les comités de stratégie que se donne chaque partie) et externes de pouvoir ;

2. toute structure de négociation implique négociations internes et externes ;

3. les structures de négociations sont, au-delà d'un minimum légal imposé (l'unité de négociation ou son équivalent), négociables vers une plus grande centralisation.

La structure de négociation est alors traditionnellement perçue comme étant l'ensemble des employés et des employeurs couverts ou influencés par la convention collective (Kochan et Katz, 1988). Ces auteurs diront alors que la structure formelle de négociation vise les employés et les employeurs légalement liés par la convention collective. C'est l'unité de négociation. La structure informelle de négociation, pour sa part, comprend ces employés et employeurs influencés par les résultats d'une négociation qui ne les concerne pas toujours directement. Cette distinction est importante pour bien saisir les enjeux et pour mieux comprendre les positions et les décisions prises par les parties.

Les structures formelles

Toute structure formelle de négociation possède à la fois deux composantes, l'une occupationnelle et l'autre décisionnelle. Expliquons-nous.

La composante occupationnelle

Cette composante de la structure de négociation sert à identifier qui la négociation vise, non seulement en ce qui concerne le nombre d'employés, mais surtout en ce qui a trait à la variété, ou non, des occupations couvertes par la négociation.

Ainsi, on dira d'une structure de négociation qui ne couvre que des employés d'un seul et même métier, occupation ou profession, qu'elle est une structure de négociation étroite, pour reprendre l'expression de Kochan et Katz (1988). Ce sera le cas, par exemple, lorsqu'une négociation ne visera que des infirmières ou que des pilotes d'avion. C'est l'approche par métier.

À l'opposé, une structure de négociation qui couvre à la fois des employés de divers métiers, occupations et professions sera qualifiée de structure de négociation large, toujours selon l'appellation de Kochan et

Katz (1988). Ce sera le cas, par exemple, lorsqu'une négociation vise simultanément, comme pour le Syndicat des employés de l'Université Laval,
tous ses employés, qu'ils soient secrétaires, commis, appariteurs, hommes
d'entretien, hommes de métier, personnel de réception et d'expédition,
etc. C'est l'approche industrielle.

Donc, la composante occupationnelle d'une structure de négociation
reflète les caractéristiques professionnelles des employés visés par la négociation collective.

La composante décisionnelle

La composante décisionnelle, pour sa part, concerne la variété, ou
non, des intérêts patronaux visés par la négociation collective. Ainsi, une
structure de négociation sera décentralisée lorsqu'elle vise les membres
d'un seul syndicat local ou d'une seule section locale chez un seul employeur dans un seul lien donné. Ce sera le cas, par exemple, de la négociation collective entre l'hôtel Le Concorde à Québec et ses employés membres
de la section locale 9311 des Métallos.

Une structure décentralisée est la traduction pratique de l'esprit fondamental et traditionnel des relations du travail en Amérique du Nord, tel
qu'il est exprimé par les notions d'unité de négociation et d'accréditation.

Une structure de négociation centralisée, pour sa part, touche une
industrie complète ou une région entière, conférant ainsi un rôle plus
important aux associations d'employeurs qu'aux employeurs individuels.
C'est le cas, par exemple, dans le secteur du génie civil et de la voirie de
l'industrie québécoise de la construction.

Certes, une structure de négociation peut ne pas être parfaitement
décentralisée ou centralisée. Il s'agit ici nettement d'un continuum. Par
exemple, si une négociation collective couvre plusieurs succursales d'un
même employeur avec autant de syndicats différents, nous sommes alors
en présence d'une structure de négociation plus centralisée que celle qui
se vit dans un seul établissement, mais plus décentralisée que si cette même
négociation couvrait à la fois toute l'industrie.

En résumé

Donc, quant à ses composantes essentielles, une structure de négociation sera étroite ou large selon que l'on vise des employés d'un seul
métier, d'une seule occupation ou de plusieurs métiers ou occupations à la
fois. Elle sera plus ou moins centralisée selon le nombre et le niveau d'établissements et d'employeurs engagés directement dans la négociation.

Il est très important de rappeler l'inévitable trait d'union entre les structures occupationnelles et décisionnelles. Celles-ci coexistent toujours comme les deux parties nécessaires à un même ensemble.

Graphique 3
COMPOSANTES DES STRUCTURES DE NÉGOCIATION

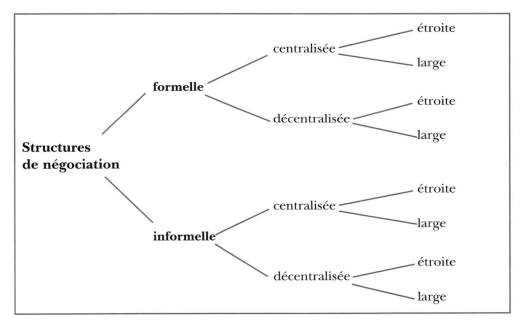

Les choix des structures sont certes contraints par le besoin de les apparier aux conditions environnementales et organisationnelles dans lesquelles les négociations seront tenues. Ces conditions incluent alors inévitablement la structure même des organisations patronales et syndicales en place, leurs stratégies et leurs objectifs (Kochan et Katz, 1988). De plus, selon l'évaluation qu'une partie fait de son pouvoir de négociation et de ses objectifs, du pouvoir et des objectifs de l'autre, elle cherchera le type de structure idéale à sa situation.

Cependant, dans cette recherche de type de structure, il est un préalable de base que les parties ne pourront pas négocier à la baisse même si elles peuvent toujours trouver des aménagements à la hausse : l'unité de négociation et l'accréditation (ou ce qui en tient lieu à titre de reconnaissance légale officielle comme, par exemple, le degré de représentativité dans l'industrie québécoise de la construction).

Les structures informelles

Rappelons que les structures informelles de négociation comprennent ces employés et ces employeurs influencés par les résultats d'une négociation qui ne les concerne pas toujours nécessairement.

Les conséquences de toute structure de négociation formelle sont souvent obscurcies par les effets de la négociation type (pattern bargaining) qui n'est rien d'autre qu'un moyen informel d'étendre les conditions de travail négociées dans une structure de négociation formelle à une autre. C'est, en fait, un substitut informel à la négociation centralisée qui vise à sortir les conditions de travail, et surtout les salaires, de la concurrence (Kochan et Katz, 1988). Cette forme de structure de négociation a toujours existé, à des degrés divers cependant, surtout à l'intérieur d'une même industrie (par exemple, le papier) puisque cela devenait alors un moyen d'y stabiliser les coûts de main-d'œuvre, et surtout les salaires.

Vu le caractère informel de telles formes de structure de négociation, il est fort difficile d'en systématiser la présentation et l'analyse compte tenu de la grande variété de façons dont elles peuvent se traduire en pratique. Pour ces motifs, nous nous concentrerons, dans ce qui suit, sur les structures formelles, étant donné l'objectif du présent ouvrage.

LES PRÉALABLES : L'UNITÉ DE NÉGOCIATION ET L'ACCRÉDITATION

Inspiré par le Wagner Act américain de 1935, notre système de relations du travail est législativement basé sur une institution qui constitue la structure formelle de négociation : l'unité de négociation et l'accréditation.

Il ne s'agit pas de faire ici une étude exhaustive de cette institution, d'autres l'ayant très bien fait avant nous (entre autres, Hébert, 1992 ; Morin et Brière, 1998). Nous nous arrêterons plutôt sur ces aspects utiles à notre propos.

Cherchant à régler les problèmes dans le lieu même du travail, plutôt que de recourir à des normes générales applicables à des secteurs tout entiers comme dans plusieurs pays d'Europe, le système nord-américain de relations du travail prévoit des dispositions précises : pour un groupe donné de salariés, dans un lieu donné (unité de négociation), un seul syndicat sera choisi majoritairement et, fort de cette majorité, il sera reconnu légalement, c'est-à-dire accrédité par un organisme public, relevant généralement du ministère du Travail, comme le seul et unique représentant de ces salariés et avec qui l'employeur sera tenu de négocier une seule convention collective applicable à l'ensemble de l'unité de négociation.

Cette unicité syndicale se dénomme monopole syndical et implique qu'une fois la majorité exprimée seul le syndicat majoritaire aura droit de cité, excluant alors le ou les autres syndicats prétendants. C'est ce qui est appelé l'unité de négociation légale. Les principaux facteurs qui servent habituellement à la délimiter sont la notion de salariés, la volonté des parties, les négociations antérieures, la logique administrative, le travail effectué par les travailleurs, l'homogénéité, la forme d'organisation syndicale qu'ils se sont donnée, leur communauté d'intérêts, leur interchangeabilité, leurs désirs et la législation (Dion, 1986). Cette unité de négociation légale est à la base même de toute structure de négociation. Sans pouvoir organiser leurs rapports au niveau plus bas que celui de l'unité de négociation légale, les parties, de consentement, ou le législateur peuvent le hausser. C'est alors qu'on retrouve l'unité de négociation réelle et l'unité de négociation industrielle.

L'unité de négociation réelle vise, par extension, le fait qu'un ou plusieurs employeurs s'entendent avec leurs vis-à-vis pour négocier simultanément une convention collective qui s'appliquera à plusieurs unités accréditées distinctes. L'unité de négociation, pour sa part, désigne alors le groupe de tous les salariés visés par ladite négociation, dont les conditions de travail seront régies par la convention collective qui en sortira. On appelle cette unité « une unité réelle de négociation » par opposition à l'unité légale, définie plus haut. Cette définition rejoint celle de structure informelle de Kochan et Katz (1988). Ces deux définitions font référence à la réalité, aux travailleurs qui sont touchés par les résultats d'une négociation, même s'ils ne font pas nécessairement partie de l'unité de négociation légale. C'est en fait de la véritable structure de négociation dont il faut tenir compte, car même les travailleurs hors de l'unité légale peuvent influencer grandement le déroulement des négociations par le jeu de la relation de pouvoir (Cayouette, 1999).

L'unité de négociation industrielle, quant à elle, est un groupe distinct qui englobe les salariés de tous les employeurs d'une même industrie à l'intérieur de limites territoriales déterminées. Cette unité de négociation peut cependant ne comprendre que les salariés de certaines catégories professionnelles. Sa caractéristique est qu'elle s'étend à plusieurs employeurs indépendants les uns des autres, donc concurrents. Cette forme d'unité de négociation est plutôt rare chez nous. On la trouve cependant dans les grandes salaisons et pour certaines catégories d'employés de chemins de fer. Au Québec, on peut citer comme exemple l'industrie de la construction (Cayouette, 1999).

Établissons, à ce stade-ci, le lien entre ces préalables et les composantes des structures de négociation.

La composante occupationnelle d'une structure de négociation est généralement préalable à l'unité de négociation et à l'accréditation. En effet, cela dépend d'abord de l'initiative syndicale, c'est-à-dire de la façon dont le ou les syndicats ont décidé de regrouper les employés : soit sur une base de métier, soit sur une base industrielle. Certes, cette décision syndicale est influencée par de nombreux facteurs, variables dans le temps et dans l'espace. Entre autres facteurs, retenons la structure de l'entreprise visée, le type de main-d'œuvre, la tradition, le pouvoir de négociation potentiel, les caractéristiques du marché du produit et les stratégies possibles.

La composante décisionnelle, pour sa part, est d'abord établie pour l'instauration de l'unité légale de négociation. Les parties ne peuvent pas la modifier à la baisse sans l'approbation de l'organisme public responsable de l'établissement des unités légales de négociation. Cependant, évidemment, après la ou les accréditations originales, les parties à une ou plusieurs négociations collectives pourront toujours s'entendre pour aménager leurs structures de négociation de façon telle que le niveau de prise de décision sera haussé. Dans ce cas, ces mêmes parties pourront toujours revenir sur leurs décisions.

Nous pouvons donc conclure que les parties à une négociation collective peuvent avoir une certaine marge de manœuvre avant et après l'accréditation pour aménager leurs structures de négociation.

Voyons maintenant quelques-uns des principaux facteurs pouvant influencer leurs préférences et leurs choix quant à la structure de négociation.

DIFFÉRENTES FORMES DE STRUCTURES DE NÉGOCIATION

Nous l'avons vu, les parties à la négociation collective ont une certaine marge de manœuvre eu égard à la configuration de leurs structures de négociation, surtout après l'accréditation originale.

Gardant toujours à l'esprit le caractère obligatoire de l'unité légale de négociation, quels sont alors les principaux facteurs pouvant influencer les préférences et les choix des parties eu égard à leurs structures de négociation ?

Nous avons déjà répondu à cette question en partie en ce qui a trait à la composante occupationnelle des structures de négociation. Il faudra y revenir, à l'occasion, lors de l'examen des facteurs visant surtout la composante décisionnelle, essentiellement parce que cette dernière ne peut connaître détermination et changements qu'après l'accréditation.

Fort des enseignements de Kochan et Katz (1988), nous nous concentrons sur trois facteurs principaux affectant les préférences et les choix par les parties parmi les formes de structures de négociation : la réalité des marchés, la structure organisationnelle de l'employeur et, finalement, les lois et politiques publiques.

La réalité des marchés

Nous avons déjà établi l'importance des impératifs imposés par les marchés dans la détermination du pouvoir de négociation relatif des parties. Il en est de même pour le choix et les préférences en ce qui concerne les structures de négociation. En effet, les notions de demande de produit et de travail ainsi que celle de leur élasticité trouvent ici également une place prépondérante.

Quant à la composante décisionnelle des structures de négociation, la réalité des marchés enseigne au moins trois leçons :

1re leçon
Plus la demande du produit fabriqué par les syndiqués est élastique, plus le syndicat cherchera une structure de négociation centralisée qui, en fait, sortira les conditions de travail, et leurs coûts, de la concurrence.

Expliquons-nous.

Nous avons vu au chapitre précédent que plus la demande du produit est élastique, plus il est difficile pour l'employeur de refiler une augmentation de coûts aux consommateurs par une augmentation de prix. Cela est d'autant plus vrai que le marché du produit concerné connaît un haut degré de concurrence et, partant, de fragmentation.

Voulant sortir les conditions de travail de la concurrence et ainsi voir tous les employeurs concernés par un même marché soumis aux mêmes coûts de main-d'œuvre ou à peu près, les syndicats chercheront à voir s'établir une structure de négociation centralisée qui aura pour effet de couvrir tout le marché du produit (ou du service) qui les affecte par une même convention collective, donc par des conditions de travail identiques pour tous les employeurs concernés par ce marché. Alors, toute augmentation du coût des conditions de travail affectant tous les employeurs d'un même secteur peut plus facilement être refilée aux consommateurs. Ceci implique que les employeurs ne se concurrencent plus sur ces coûts de main-d'œuvre et que le syndicat devient moins dérangeant, du moins économiquement. Dans un tel contexte, s'il doit y avoir concurrence, ce sera sur les autres facteurs de production, sur la mise en marché, sur la qualité du service, etc.

Deux exemples suffiront pour illustrer cette première leçon. Pensons d'abord à l'expérience québécoise des décrets de convention collective qui, sous instigation syndicale depuis 1934, a réussi essentiellement pour des secteurs à haut degré de concurrence et de fragmentation, sur une base régionale, à sortir certaines conditions de travail de la concurrence par une centralisation relative de l'établissement de ces conditions de travail sur une base régionale. Et cette même expérience enseigne que, si le marché du produit déborde le cadre géographique couvert par un décret, quel qu'il soit, la capacité syndicale de sortir les conditions de travail de la concurrence devient fort affaiblie. L'exemple du décret de l'industrie des portes et fenêtres est frappant à cet égard.

Un second exemple : pourquoi certaines centrales syndicales québécoises prônent-elles la négociation multipatronale dans des secteurs tels la restauration depuis un certain temps ? L'analyse présentée ci-dessus devrait permettre de répondre à cette question.

2e leçon
Plus un marché du produit s'étend, plus la volonté syndicale de sortir les conditions de travail de la concurrence sera difficile, sinon impossible.

Cette leçon est un corollaire de la précédente. Plus un marché du produit (ou du service) est géographiquement restreint, plus les chances sont grandes qu'un même syndicat puisse, par la négociation collective, uniformiser les conditions de travail. Cela tient presque de l'évidence.

Cela illustre cependant l'effet incroyable sur les structures de négociation, et même sur le pouvoir de négociation des syndicats, de la déréglementation, des accords de libre-échange et de la mondialisation des marchés. Comment sortir les conditions de travail de la concurrence lorsque ces concurrents ne se trouvent plus seulement chez nous, mais au Brésil, en Chine ou en Allemagne ? Poser la question, c'est y répondre. De telles réalités amènent inévitablement des pressions à la décentralisation des structures de négociation.

3e leçon
En certaines circonstances, l'employeur soutiendra les efforts syndicaux de centralisation des structures de négociation.

En effet, plus leurs coûts de main-d'œuvre sont élevés par rapport aux coûts totaux de production, plus le degré de concurrence est élevé et plus les employeurs perçoivent que les syndicats peuvent égaliser, par la négociation collective, les conditions de travail dans un marché donné, plus ils soutiendront les efforts syndicaux de centralisation des structures de négociation. L'exemple de l'Association des concessionnaires d'automobiles de la région de Québec illustre cette leçon.

Cependant, ce soutien disparaîtra vite si le marché du produit s'étend géographiquement de façon telle que le syndicat n'est plus perçu comme capable d'égaliser les conditions de travail dans tout ce nouveau marché.

La réalité des marchés a également des effets, au-delà de ceux qu'on a déjà mentionnés, sur la composante occupationnelle des structures de négociation. En effet, historiquement et encore aujourd'hui, le syndicat privilégiera tant qu'il le peut une structure de négociation étroite (approche par métier) pour les raisons économiques suivantes.

En organisant les travailleurs sur une base de métier, le syndicat atteint deux objectifs en même temps. D'abord, par une telle approche, le syndicat peut diminuer le nombre de ses membres, ce qui les rend plus essentiels, augmentant ainsi leur pouvoir de négociation. Et les syndicats ont historiquement privilégié cette approche parce qu'ils pouvaient contrôler la rareté relative de leurs membres de deux façons : en contrôlant l'entrée des membres dans le syndicat (surtout en cas d'atelier fermé) par la hausse des droits d'entrée, et en contrôlant la formation professionnelle (l'apprentissage) nécessaire à l'exercice du métier.

En organisant les travailleurs sur une base de métier, le syndicat atteint un autre objectif économique, favorisant du même coup son pouvoir de négociation : celui d'être petit. Plus le syndicat est capable de structurer la négociation collective en petites unités de métier, plus le pouvoir de chacune est grand, vu alors que chacune, prise une à la fois, dérange moins dans ses répercussions sur les coûts totaux de production. Nous avons présenté cet avantage d'être petit au chapitre précédent. Il n'y a alors pas lieu d'y revenir.

Mais, ces deux avantages, l'histoire les a palliés en bonne partie. En effet, plus les unités de production de biens ou de services s'agrandissent et plus l'organisation du travail délaisse les gens de métiers (pour recourir à des qualifications moindres), plus cette pression syndicale pour des structures étroites a eu, a et aura inévitablement tendance à disparaître, à moins que la réglementation gouvernementale vienne soutenir les aspirations syndicales à cet égard. Nous reviendrons sur ce dernier aspect plus loin.

Les structures organisationnelles en place

Le message est clair ici et il découle de la nature même du processus de négociation tel qu'il a été présenté aux chapitres 1 et 2 : dans toute structure de négociation formelle quelle qu'en soit la composante occupationnelle, il y a toujours recherche de l'interlocuteur valable, ou perçu comme tel, chez l'autre partie. Plus le niveau de décision s'élève dans la hiérarchie organisationnelle d'une partie, plus il y aura pression par l'autre pour atteindre ce niveau et ainsi élargir l'unité de négociation. Cela sera d'autant plus vrai si les travailleurs des différentes entités d'une entreprise sont représentés par le même syndicat ou sont affiliés à une même fédération syndicale.

L'ère de fusion et de concentration d'entreprises et de syndicats que nous vivons porte donc avec elle le germe d'une centralisation des structures de négociation dans le contexte de marchés élargis. Il existe cependant des freins à cette tendance.

D'abord, il y a cette recherche presque instinctive chez les travailleurs de vouloir se regrouper, à des fins de négociation, avec des semblables, de même expérience et qui ont des problèmes de travail relativement semblables. C'est ce que l'on appelle l'homogénéité ou la communauté d'intérêts. Cette réalité forcera plutôt vers la décentralisation des structures de négociation.

Ensuite, toute consolidation de structures de négociation et toute fusion formelle de syndicats qui s'ensuivrait trouveront opposition chez les officiers syndicaux locaux. En effet, une telle fusion consécutive à une consolidation des structures de négociation amènera inévitablement, pour certains de ces officiers, perte d'influence, de statut et même d'emploi. Il ne peut pas y avoir deux ou plusieurs présidents, vice-présidents, trésoriers de syndicats. Devant une fusion de syndicats, certains seront sacrifiés, d'où leur résistance, parfois farouche. Ce facteur milite donc en faveur de la décentralisation des structures de négociation.

Finalement, il existe un frein à la centralisation des structures propre au Québec : la pluralité syndicale qu'on y retrouve. Nous avons déjà mentionné que la centralisation des structures de négociation était facilitée par la présence d'un même syndicat dans une même entreprise et industrie. Or, devant la pluralité syndicale québécoise, beaucoup plus grande que chez nos voisins nord-américains, l'avènement d'une telle présence syndicale monopolistique ou presque dans une industrie donnée est plus difficile à réaliser. La centralisation des structures sera alors plus difficile. Par exemple, dans le secteur métallurgique québécois, on retrouve des syndicats ou des sections locales affiliés à la FTQ (Métallos), à la Fédération de la métallurgie (CSN) et à la CSD. Ce seul facteur freinera la centralisation des structures de négociation.

Les lois et politiques publiques

Sous cette rubrique, le message principal est le suivant : plus un gouvernement intervient, directement et indirectement, dans le domaine des relations du travail et plus particulièrement dans la négociation collective, plus les structures de négociation auront tendance à devenir centralisées. C'est la tendance générale à laquelle il faudra apporter quelques bémols. Expliquons-nous brièvement.

Les facteurs facilitant une telle centralisation sont, entre autres :

1. L'approche de l'organisme responsable de l'accréditation : plus cette approche favorise les grandes unités de négociation, plus la centralisation des structures de négociation sera facilitée.

2. Plus le gouvernement sera actif dans son intervention de planification économique et sociale, plus la centralisation des structures de négociation sera favorisée.

3. La présence de politiques de prix et de revenus favorisera également la centralisation des structures de négociation.

4. Plus le gouvernement se substituera aux parties dans la négociation collective, plus les structures de négociation deviendront centralisées, essentiellement parce que les enjeux deviennent alors politiques. Les exemples québécois du secteur public, de la construction et des artistes sont éloquents à cet effet.

Cependant, il est au moins une situation où l'intervention gouvernementale incitera à la décentralisation des structures de négociation. En effet, plus le gouvernement prône la déréglementation, et partant une concurrence accrue, sur le marché des produits, plus il y aura fragmentation du marché et entrée de nouveaux joueurs non syndiqués dans le marché, mettant alors une pression à la baisse sur les prix et sur les conditions de travail. Et suivra inévitablement une décentralisation des structures de négociation.

En bout de ligne, nous pouvons résumer ce qui précède quant au rôle du gouvernement et des politiques publiques de la façon suivante : plus le gouvernement intervient dans le jeu même des relations du travail et dans la planification sociale et économique, plus il y aura tendance à la centralisation des structures de négociation. À l'inverse, plus le gouvernement prônera la concurrence ou la déréglementation des marchés du produit, plus les pressions seront grandes pour décentraliser les structures de négociation (Kochan et Katz, 1988).

LE CHOIX D'UNE STRUCTURE DE NÉGOCIATION

Le choix d'une structure de négociation est fondamental en raison des conséquences qu'il entraîne nécessairement. Ce choix, cependant, n'est pas toujours libre pour une partie donnée. Non seulement dépend-il de l'autre partie, mais il est aussi soumis, tel que nous l'avons vu, à la définition de l'unité légale de négociation, à la réalité des marchés, aux structures organisationnelles en place et aux lois et politiques publiques. Mais ce choix contraint, en tout ou en partie, influencera l'efficacité relative des parties à apporter des réponses à des questions qui leur sont d'intérêt vital.

Il nous faut donc maintenant analyser les caractéristiques de chaque forme de structures de négociation, leurs avantages et leurs inconvénients théoriques. Nous disons bien théoriques vu le peu de preuves empiriques et systématiques sur leurs effets.

Les premières possibilités de choix de structures de négociation, si tant est que tel choix existe, se réalisent d'abord à l'intérieur même des composantes occupationnelles et décisionnelles.

La composante occupationnelle

Ici, rappelons-le, nous référons aux structures de négociations étroites ou larges. Lorsqu'on parle d'une structure étroite, on se rapporte à une négociation par métier. Citons, par exemple, les infirmières au Québec où, pour l'ensemble du territoire québécois, on négocie une seule convention collective pour toutes les infirmières. L'homogénéité de l'unité négociatrice syndicale est grande et il est plus facile de fixer des objectifs de négociation et de les respecter. À l'inverse, une structure dite large comprend plusieurs métiers ou occupations à l'intérieur de la même unité de négociation. Les risques de dissensions internes sont donc beaucoup plus élevés. Par le fait même, il est plus difficile de s'entendre sur les objectifs à atteindre lors d'une négociation (Cayouette, 1999).

La composante décisionnelle

La composante décisionnelle concerne essentiellement le degré de centralisation d'une structure de négociation.

Une structure de négociation est dite centralisée lorsque tout le pouvoir de décision est rassemblé en un centre unique, c'est-à-dire qu'on négocie avec une seule entité, par exemple, la fonction publique où le seul agent réel négociateur patronal est le Conseil du trésor. Une structure centralisée résulte inévitablement en une politisation des relations du travail dans un secteur donné. Prenons pour exemple l'industrie de la construction avant sa division en quatre secteurs distincts. À chaque négociation collective, les deux parties avaient beaucoup de difficulté à s'entendre et faisaient traîner les négociations en longueur puisqu'elles savaient qu'en bout de ligne l'État interviendrait. Dans un tel contexte, les syndicats n'hésitaient pas à faire la grève afin de provoquer l'intervention de l'État. Bref, plus la structure de négociation est centralisée, plus les relations du travail sont politisées, l'État intervient plus souvent, les négociations sont plus longues et le risque de grève moins élevé (Cayouette, 1999).

Une structure décentralisée, pour sa part, permet une plus grande responsabilisation des parties puisqu'elles n'attendent plus après l'État pour régler leurs différends. Ce type de structure est beaucoup plus près du lieu de travail car les parties négociatrices y sont présentes quotidiennement. Une structure décentralisée répond donc mieux aux besoins de changement et d'adaptation des entreprises d'aujourd'hui en permettant plus de flexibilité et en étant plus proche des travailleurs (Hébert, 1992).

Par contre, la décentralisation de la structure de négociation a été désignée comme la cause de l'augmentation de conflits industriels. Évidemment, plus le nombre d'unités de négociation est grand, comme dans le cas d'une structure décentralisée, plus le nombre de grèves possibles est grand (Cayouette, 1999).

Suivent ensuite d'autres possibilités de choix, toujours si tant est que tels choix existent, cette fois en combinant les éléments de la composante occupationnelle avec ceux de la composante décisionnelle. Voyons ces possibilités.

Structure étroite et décentralisée

Cayouette (1999) résume très bien cette possibilité dans son excellent mémoire de maîtrise.

L'unité étroite et décentralisée, par exemple une unité regroupant les menuisiers de la Stadaconna à Québec a souvent été critiquée parce qu'elle gêne les parties dans leur capacité à s'adapter aux changements technologiques (Kochan et Katz, 1988). Cette structure est probablement celle qui impose le plus de contraintes aux dirigeants lorsque vient le temps de réassigner des travailleurs à différents postes lorsque la technologie ou le produit change ou de les recycler ou de les mettre en préretraite. Elle rend la tâche d'adaptation aux nouvelles technologies beaucoup plus difficile et lente qu'une unité décentralisée, mais plus large. Cette structure laisse place à l'utilisation de la tactique de la surenchère.

Ce type d'unité a cependant pour effet de maximiser la communauté d'intérêts entre les employés couverts par une convention collective. Celle-ci augmente l'homogénéité, ce qui engendre une baisse des conflits dans le choix des priorités et dans les négociations. Il est à noter que ceci est aussi vrai du côté des employeurs. Elle donne également à chaque employé et dirigeant de l'entreprise plus de contrôle sur leurs représentants à la table de négociation et fournit la plus grande probabilité que les termes du règlement seront bien accueillis par les employés concernés. Conséquemment, ce type de structure s'avère être un choix intéressant si la structure de décision de l'employeur est décentralisée, s'il existe une forte communauté d'intérêts à l'intérieur d'un groupe d'employés et si l'adaptation aux changements technologiques n'est pas plus importante que les avantages que procure cette forme d'unité.

En résumé, une structure trop étroite et trop décentralisée résultera en une difficulté d'adaptation aux changements technologiques ou à une baisse de la demande de travail, en un déséquilibre dans le pouvoir de négociation des parties, en un déséquilibre entre le niveau où la négociation se produit et le niveau où les décisions se prennent, en une baisse dans les innovations dans les négociations et peu d'occasions d'expérimenter de nouvelles idées, plus de difficultés pour les syndicats d'uniformiser les salaires et d'éliminer la concurrence sur les salaires, plus de difficultés d'éliminer les inégalités internes entre un groupe d'employés et un employeur et, en général, plus de problèmes de coordination dans l'administration des relations du travail pour les employeurs.

Structure large et décentralisée

Ce serait le cas, par exemple, des salariés de l'Alcan à Laterrière, où des salariés de plusieurs métiers ou occupations composent l'unité de négociation. Toujours selon Cayouette (1999), l'avantage principal de ce type de structure de négociation est qu'elle est plus près du lieu de travail que toute autre structure. Elle peut donc répondre plus facilement et plus rapidement aux besoins particuliers des employeurs et des employés d'une entreprise. L'adaptation aux changements technologiques ou de toute autre nature est alors facilitée. La communauté d'intérêts et la participation des travailleurs aux activités du syndicat et à la négociation collective sont plus probables d'être réalisées sous une structure décentralisée que sous une structure centralisée. D'un autre côté, cette structure de négociation n'est souvent pas assez centralisée pour obliger les dirigeants à concentrer leur pouvoir de décision sur le lieu de travail.

Conséquemment à ce problème, les syndicats ont peur, surtout de nos jours, qu'une entreprise déménage sa production et sa technologie ailleurs. De plus en plus, les entreprises qui ont plusieurs établissements font de nouveaux investissements dans les équipements individuels. Le problème avec ces types de structures, c'est qu'elles dépendent plus souvent qu'autrement du bon vouloir des syndicats de modifier les façons de faire en conséquence des nouveaux équipements. Bien que cette approche de réinvestissement tende à accroître la sécurité d'emploi des travailleurs, si elle n'est pas coordonnée par un syndicat qui représente tous les salariés de tous les établissements de la compagnie, peut-être pourrons-nous assister à une baisse des salaires.

Ce type de structure colle mieux à la réalité des petites industries, aux employeurs qui n'ont qu'un seul établissement et aux employeurs affiliés qui ont une autonomie requise dans les stratégies d'affaires, les politiques de relations du travail, dans les décisions opérationnelles et qui ont un marché du produit local ou régional et une demande de produit inélastique.

Structure étroite et centralisée

Tel serait le cas, par exemple, de l'industrie de la construction en Ontario et des infirmières au Québec où la négociation vise un seul métier ou occupation pour l'ensemble de la province. Continuons avec la synthèse de Cayouette (1999). On retrouve plusieurs des mêmes problèmes d'adaptabilité aux changements technologiques dans ce type de structures que dans les structures étroites et décentralisées. En fait, ce problème est le lot de toutes les structures de négociation étroites. De plus, l'unité étroite et centralisée sacrifie la plupart des avantages des unités de métiers dont la maximisation de la communauté d'intérêts présentée dans les structures décentralisées. C'est principalement pour ces deux raisons qu'il existe de nos jours relativement peu de ce type d'unité.

Cette forme de structure multiplie en plus les niveaux hiérarchiques dans le processus de prise de décision, ce qui rend la négociation difficile. Il n'est donc pas surprenant de constater que plusieurs problèmes dans le processus de négociation puissent survenir. En effet, on remarque une grande proportion de grèves et des négociations plus longues avec ce type de structure qu'avec les autres.

Il existe, malgré tout, certains avantages relatifs à cette forme de structure. Le principal provient de sa capacité à promouvoir et à renforcer les standards professionnels et les règles de conduite des membres d'une occupation particulière, bref, à uniformiser les façons de faire d'une occupation particulière sur une grande étendue.

Structure large et centralisée

Le meilleur exemple, près de nous, d'une structure large et centralisée dans le secteur privé est probablement celui de l'industrie québécoise de la construction. À cet égard, Cayouette (1999) résume cette forme de structure de la façon suivante : ce type de structure représente la plus complexe forme de négociation collective. Ici, la communauté d'intérêts et la participation des travailleurs sont échangées contre l'augmentation du pouvoir de négociation et contre l'amélioration des chances du syndicat d'uniformiser les salaires à la grandeur de l'industrie et ainsi de prohiber la concurrence sur les salaires. Des quatre structures, celle-ci est probablement celle qui produit le plus haut degré de conflit de partage du pouvoir de décision entre les unités de négociation. Cette structure présente aussi les plus complexes problèmes de coordination et de résolution des conflits intra-organisationnels en plus d'éloigner le débat des problèmes vécus au quotidien.

La structure large et centralisée confère un nombre irrésistible d'avantages pour les syndicats et les employeurs qui travaillent dans un marché du produit national avec une centralisation des prises de décision.

Au contraire des structures de négociation étroites, ce type de structure est plus apte à s'adapter aux changements technologiques et à assumer des innovations pour la sécurité d'emploi des travailleurs. Dans cette structure, les employeurs mettent en commun et font participer un plus large bassin de travailleurs, ils peuvent donc s'engager plus facilement et plus efficacement dans un plan des ressources humaines à long terme. Les coûts reliés aux avantages extra-salariaux peuvent être mieux absorbés dans une grande organisation où une unité large et centralisée est en place pour la négociation. De plus, un plus grand professionnalisme dans les prises de décision de la part des deux parties rend possible, par centralisation, une augmentation des probabilités de parvenir à d'autres innovations dans la négociation collective. Finalement, les parties ont le luxe de pouvoir tenter certaines expériences en des endroits bien précis avant de les étendre à la grandeur de l'entreprise ou de l'industrie.

Le défi pour les syndicats dans cette structure est de mettre au point des mécanismes pour réduire les extrêmes dans les compromis entre l'objectif de maintenir un syndicat fort, cohérent, avec suffisamment de pouvoir de négociation pour infliger des coûts à l'employeur et l'objectif de participer aux discussions stratégiques et, en même temps, garder l'appui et la solidarité des syndicats locaux. Pour les employeurs engagés dans la centralisation des décisions, le défi est de coordonner, à travers toute l'entreprise, les politiques de relations du travail et, en même temps, d'allouer aux administrateurs locaux suffisamment d'autonomie et de flexibilité pour s'occuper de la succursale locale.

Cette forme de structure de négociation amènera inévitablement la politisation des relations du travail puisqu'en situant l'action au niveau de tout un secteur, sur un territoire donné, tout différend dérangera socialement et économiquement. L'État se verra alors obligé d'intervenir pour « sauver » le bien commun. De surtout économiques qu'elles sont dans le secteur privé, les négociations deviendront alors surtout politiques. Ce type de structure modifie donc la nature même des relations du travail dans le secteur privé.

En somme, en favorisant la centralisation dans la structure de négociation, on gagne en force et en uniformité. Toutefois, l'unité devient alors complexe, non seulement à cause du nombre des salariés visés, mais également à cause de la variété de plus en plus grande des occupations qui y seront représentées. De plus, une préférence pour une trop grande centralisation réduit le libre choix des employés entre différents syndicats et rend presque impossible pour un membre d'influencer la direction de son syndicat. Ceci a pour effet, souvent, de mettre les syndicats en danger d'être moins responsables, plus bureaucratisés, moins démocratiques, plus éloignés du quotidien de leurs membres.

Finalement, les conséquences d'une trop grande centralisation sont une hausse des conflits interorganisationnels, l'impossibilité pour les individus d'influencer les décisions, une perte de démocratie industrielle, une baisse de participation des employés dans les affaires du syndicat et dans la négociation collective, une augmentation des probabilités de grèves d'envergure qui pourraient occasionner des pertes importantes et, conséquemment, une augmentation des pressions du public sur le gouvernement pour qu'il intervienne. Le tableau 2 résume ce qui précède.

Tableau 2
AVANTAGES ET INCONVÉNIENTS DES FORMES DE STRUCTURES DE NÉGOCIATION

Étroite et décentralisée	Étroite et centralisée	Large et décentralisée	Large et centralisée
AVANTAGES			
Plus proche des travailleurs	Facilité d'application des standards professionnels et des règles de conduite	Près des travailleurs	Accroît le pouvoir de négociation du syndicat
Maximise la communauté d'intérêts			Meilleure adaptation aux nouvelles technologies
Moins de conflits internes chez les deux parties			Meilleure protection de la sécurité d'emploi
Plus de contrôle sur les porte-parole des deux parties			Plus de planification des ressources humaines
			Possibilité d'expérimenter
INCONVÉNIENTS			
Difficultés à s'adapter aux nouvelles technologies	Difficultés à s'adapter aux nouvelles technologies	Pas assez près du lieu de prise de décision de l'employeur	Loin des travailleurs
Place à la surenchère	S'éloigner des travailleurs, moins de communauté d'intérêts		Plus de conflits internes vu la diversité des besoins des membres de l'unité de négociation
Prise de décision de l'employeur plus centralisée	Ajoute des niveaux hiérarchiques de décision		Problèmes de coordination et de conflits intra-organisationnels
			Plus de politique
			Plus bureaucratique

CONCLUSION

Pour reprendre Barbash (1984) en citation en début de ce chapitre, les structures de négociation sont essentiellement la façon dont les parties organisent leurs relations de négociation collective à l'interne et avec l'autre. Non seulement, alors, de telles structures de négociation n'existent pas pour elles-mêmes, mais elles jouent un rôle fondamental dans l'ensemble du processus de négociation.

Il n'y a pas « une » structure idéale de négociation capable de satisfaire toutes les relations tout le temps, chaque cas appelant une analyse et une évaluation pour maximiser la forme de structure à privilégier.

Nous avons ici présenté d'abord la nature, la définition et les composantes de la notion de structures de négociation. Bien que nous ayons fait la distinction entre les structures formelles et informelles, nous avons privilégié les premières pour lesquelles nous avons étudié deux composantes après avoir insisté sur le préalable qu'est l'unité de négociation : les composantes occupationnelles et décisionnelles. En somme, nous avons adopté l'approche de Kochan et Katz (1988) puisque, à notre point de vue, elle est la meilleure pour permettre de mieux saisir cette notion souvent perçue comme aride et sèche.

Certes, les structures de négociation n'existent pas dans un vacuum. Elles sont influencées par les choix et les structures des organisations en place, par le genre de main-d'œuvre concernée, par la réalité des marchés et par les lois et politiques publiques. Elles peuvent donc prendre plusieurs formes, chacune ayant ses avantages et ses inconvénients.

En somme, les structures de négociation sont influencées et peuvent influencer le pouvoir de négociation et elles sont à la fois sources et conséquences des stratégies et tactiques. Nous élaborerons sur cette dynamique au chapitre 6. Mais, avant de ce faire, il faut se pencher sur les stratégies et tactiques de négociation.

QUESTIONS

1. Qu'entend-on par structures de négociation ?

2. Distinguez entre structures formelles et structures informelles de négociation.

3. Expliquez le rôle de l'unité de négociation et de l'accréditation dans la détermination des structures de négociation.

4. Quels sont les principaux facteurs influençant le choix d'un type de structures de négociation ?

5. Quels sont les avantages et les inconvénients d'une structure de négociation centralisée (étroite et large) ?

LECTURES SUGGÉRÉES

- CAYOUETTE, Dany (1999), « Les nouvelles structures de négociation dans l'industrie québécoise de la construction : recul ou progrès ? », mémoire de maîtrise, Sainte-Foy, Département des relations industrielles, Université Laval.

- HÉBERT, Gérard (1992), *Traité de négociation collective*, Boucherville, Gaëtan Morin éditeur, p. 612-679.

- KOCHAN, Thomas A. et Harry C. KATZ (1988), *Collective Bargaining and Industrial Relations*, Homewood (Ill.), Irwin, p. 102-148.

CHAPITRE **V**

Stratégies et tactiques
en négociation collective

*Je choisirais certainement un homme
qui envisage l'obstacle avec la prudence requise
et qui préfère triompher par la stratégie.*

Confucius

Qui dit négociation dit nécessairement stratégie. Cela fait partie de l'essence même du processus. Visant à obtenir quelque chose de l'autre, le négociateur ébauchera un plan de match, un plan d'action tentant ainsi de maximiser les conditions formelles à l'atteinte de ses objectifs. Stratégies et tactiques deviennent alors la manière de faire, de pressentir et de poursuivre les relations avec l'autre, en gardant toujours à l'esprit son pouvoir réel de négociation et le niveau auquel nous négocions. Stratégies et tactiques sont donc naturelles au processus de négociation. Même l'enfant auquel nous référons au chapitre 1 le sait de façon instinctive. Ainsi, il préférera, pour certains sujets, négocier avec sa mère plutôt qu'avec son père, de préférence le matin et souvent après lui avoir fait plaisir par un comportement choisi et quelquefois après lui avoir donné quelques pissenlits... Ce que l'enfant comprend, c'est essentiellement qu'il lui faut préparer le terrain et adopter une approche qui favorise de façon optimale l'obtention de ce qu'il recherche.

Il en est de même de toute négociation, y compris la négociation collective. En effet, dans toute négociation, il faut absolument définir sa stratégie et ses tactiques. Faute de ce faire, ce serait comme un bateau qui prend la mer sans gouvernail. En outre, il n'y a pas de stratégie universellement applicable. Chaque négociation constitue un cas d'espèce qui exige son propre plan de match ou plan d'action. Finalement, même si nous élaborons une stratégie avant de négocier, il n'est aucunement dit qu'il ne faudra pas la réviser, voire la changer radicalement, en cours de négociation vu les changements possibles dans l'environnement affectant notre négociation, incluant, évidemment, la stratégie de l'autre. Il existe alors ici un élément dynamique qu'il ne faut surtout pas oublier.

Le présent chapitre s'intéresse aux stratégies et tactiques en négociation collective. Après avoir défini et différencié les notions de stratégie et de tactique, nous nous arrêterons sur quelques-uns des principaux facteurs déterminant le choix d'un type de stratégie. Nous tirerons ensuite de la littérature et de l'expérience quelques enseignements eu égard aux tactiques. Finalement, nous nous pencherons sur quelques règles visant les comportements en négociation.

Ce chapitre comporte plusieurs limites. D'abord, toujours en conformité avec les objectifs du présent ouvrage, nous ne prétendons aucunement traiter des stratégies et des tactiques de façon exhaustive. Mais, contrairement à plusieurs ouvrages sur la négociation collective qui ne traitent simplement pas de stratégies et de tactiques, il nous faut aborder ces aspects vu leur importance dans la compréhension de la négociation collective. Nous l'aborderons de façon générale, en visant plus les types de stratégies et de tactiques que des recettes concrètes immédiatement applicables. Ensuite, il est clair que l'univers des stratégies et des tactiques est aussi vaste que l'imagination humaine. Il faudra donc s'en tenir à des principes généraux.

De plus, comme nous l'avons précisé en introduction à cet ouvrage, nous voulons ici éviter de traiter du processus de négociation collective comme tel, ce sujet devant faire l'objet d'un autre livre. Or, en traitant ici des stratégies et tactiques, nous pénétrons presque dans le domaine du processus de négociation. Cela constitue donc une raison supplémentaire pour avoir choisi d'être plus général que précis dans tous les détails.

Finalement, plusieurs auteurs s'attardant aux stratégies et tactiques en négociation collective ont emprunté, dans leur analyse, à l'art de la guerre. Or, comme le mentionne Gérard Dion dans sa préface au livre de Plante (1984), le conflit de travail n'est pas une guerre et ne devrait pas être considéré comme tel : les antagonistes sont aussi des partenaires et, à l'issue de leur action, une fois arrivés à un compromis, ils doivent continuer de vivre ensemble et de collaborer. Dans le déclenchement du conflit ouvert et dans son déroulement, cependant, la conduite des parties est analogue à la conduite de la guerre, certes symbolique, quant aux stratégies et tactiques.

Nous ne confondrons donc pas notre approche avec celle de l'art de la guerre à la Von Clausewitz (1955) ou à la Sun Tzu (1972). Mais, nous en tirerons à l'occasion quelques enseignements.

STRATÉGIES ET TACTIQUES : NATURE, DÉFINITION ET DIFFÉRENCES

Le *Petit Robert* définit stratégie et tactique en leur sens premier comme relevant de la science militaire. C'est plutôt à leur sens figuré que nous nous arrêtons : la stratégie est l'ensemble d'actions coordonnées, de manœuvres en vue d'une victoire. La tactique, pour sa part, est définie comme étant un ensemble de moyens coordonnés que l'on emploie pour parvenir à un résultat. La distinction entre stratégie et tactique n'est certes pas très précise selon ces définitions.

Gérard Dion (1986, p. 452) est beaucoup plus clair. Il définit stratégie de négociation de la façon *suivante* :

> Art de supputer les points faibles de l'adversaire, d'évaluer les forces en présence, de mettre à profit la conjoncture, de choisir les moments appropriés pour faire des offres ou des concessions, de mettre de l'avant des propositions, de recourir à la grève ou au lock-out ou d'accepter un règlement à point nommé à l'occasion de la préparation, de la présentation et de la discussion de projets de conventions collectives.

Et de tactique, il établit (p. 469) que c'est un « ensemble de moyens concrets coordonnés d'une façon plus ou moins lâche, inventés au gré des circonstances, auxquels on a recours pour en arriver au but ou à un résultat désirés à l'occasion d'une négociation ou d'un débat ».

La distinction entre stratégie et tactique est claire pour Dion (1986) : alors que la stratégie embrasse l'ensemble du plan d'action, la tactique regarde son application concrète dans des cas particuliers.

Illustrons cette distinction par un exemple qui démontre également qu'il ne faut pas confondre la stratégie, la tactique et les objectifs.

Voulant améliorer les conditions pécuniaires de ses membres lors d'une négociation collective à venir, le syndicat croit qu'isoler l'employeur constituerait une approche efficace. C'est la stratégie. Comme moyens à utiliser pour réaliser cet isolement, le syndicat choisit le boycottage du produit, la grève tournante et la contre-publicité. Ce sont les tactiques choisies pour réaliser la stratégie d'isolement.

Il existe certes une infinité de stratégies et de tactiques que les parties peuvent utiliser lors d'une négociation collective. Il ne saurait être question ici d'en faire une présentation détaillée. Cela serait d'ailleurs impossible. Voyons plutôt d'abord les grands types de stratégies et les facteurs influençant leur choix.

LE CHOIX D'UNE STRATÉGIE : QUELQUES LEÇONS

Le fait de retenir une stratégie en particulier plutôt qu'une autre n'est pas et ne doit pas être le résultat d'un hasard ou d'une coïncidence. Parmi tous les facteurs pouvant influencer tel choix, il y aura d'abord et avant tout l'approche à la négociation que chacune des parties privilégie. Il y aura ensuite, évidemment, le pouvoir relatif de négociation des parties en présence, l'histoire de leurs relations, la structure de négociation, les objectifs poursuivis et les sujets privilégiés par chaque partie. Reprenons chacun de ces facteurs et tirons un certain nombre de leçons.

D'abord une question d'approche

Le type de stratégie qu'une partie retiendra dépendra d'abord de son approche à la négociation collective car, admettons-le, il n'existe pas un type homogène de négociation.

Bellenger (1984) offre une typologie intéressante des négociations. Pour ce faire, il établit sa typologie au moyen d'un continuum puisque, selon lui, les types de négociations se situent quelque part entre deux pôles extrêmes : « affrontement » et « entente ». À une extrémité du continuum, on retrouve la négociation conflictuelle caractérisée par l'affrontement, également appelée négociation distributive, négociation gagnant-perdant, ou jeu à somme nulle. Ce type de négociation implique rivalité, compétition, méfiance. À l'autre extrémité du continuum, il y a la négociation coopérative caractérisée par la confiance et également appelée négociation intégrative, négociation constructive, négociation raisonnée, négociation gagnant-gagnant ou jeu à somme croissante. Cette typologie couvre donc toutes les possibilités allant de l'antagonisme à la synergie. Notons, en outre, qu'au cours d'une même négociation donnée les parties peuvent adopter des approches différentes. Par exemple, on voit souvent les parties adopter un type de négociation plus conflictuelle pour les matières à incidence monétaire et une approche plus coopérative pour les autres.

Dans un tel contexte alors, le type de stratégie adoptée par les parties sera conforme à l'approche de négociation qu'elles privilégieront. C'est la première leçon.

> 1re leçon
> **Selon que l'approche de négociation privilégiée par les parties est plus conflictuelle ou plus coopérative, leur stratégie sera également plus conflictuelle ou plus coopérative.**

On retient de cette leçon qu'un mélange dosé de conflit et de coopération, ce qu'on appelle négociation mixte, entraînera des stratégies mixtes.

Les stratégies conflictuelles se traduisent par une recherche d'accroissement des coûts imposés à l'autre partie par différentes formes de conflits ouverts ou déguisés. Les stratégies coopératives, pour leur part, chercheront à maximiser confiance, communication, information, imagination et solution de problèmes. Dans sa forme la plus pure alors, ce type de stratégie évacue entièrement le conflit.

Le pouvoir relatif de négociation des parties

Nous avons vu, au chapitre 3, dans notre modèle synthèse, les facteurs à examiner pour estimer le pouvoir de négociation de chacune des parties en présence. Cette notion centrale a une influence certaine sur le type de stratégie que choisiront les parties à la négociation collective.

Le premier élément à considérer ici est le degré de dépendance des parties l'une envers l'autre. Le message à cet égard est simple : moins une partie est dépendante de l'autre, plus elle aura de chances d'atteindre les objectifs qu'elle recherche dans la négociation. Cette indépendance relative, traduisant un plus grand pouvoir relatif de négociation, mènera à l'adoption d'une stratégie plus conflictuelle. Et la raison en est simple : plus une partie a du pouvoir, plus elle se sent forte et plus alors elle aura tendance à imposer ses buts à l'autre.

2e leçon
Plus une partie a un plus grand pouvoir relatif de négociation, plus elle aura tendance à adopter une stratégie conflictuelle.

À l'inverse, on pourrait être tenté de conclure qu'une partie à faible pouvoir relatif de négociation aura tendance à adopter une stratégie coopérative. Mais, à cet égard, il faut être très prudent. Tout dépendra de la qualité de l'expérience vécue avec l'autre partie. Une bonne et longue expérience ayant permis de nombreux accords facilitera l'adoption d'une stratégie coopérative. Par contre, une mauvaise expérience, une perception négative de la relation et le besoin de s'affirmer, de rappeler notre existence et d'affirmer notre dignité mèneront directement à une stratégie conflictuelle.

3e leçon
Le choix d'une stratégie conflictuelle ou coopérative pour une partie à faible pouvoir relatif de négociation dépend de la qualité de l'expérience passée, vécue avec l'autre partie.

La perception de la pérennité de la relation entre les deux parties affectera également le choix d'un type de stratégie. Par exemple, il est certain, dans le cas qui nous préoccupe, que la perception, fondée ou non, d'une fermeture éventuelle, totale ou partielle de l'entreprise aura une influence sur le type de stratégie que les travailleurs et leurs représentants choisiront. Dans la mesure alors où ces derniers perçoivent réellement qu'ils peuvent être partie de la solution à ce problème, il y aura tendance à la coopération si l'information circule bien et s'il existe un haut degré de confiance. Sinon, ces travailleurs se camperont dans une stratégie conflictuelle.

4ᵉ leçon
La perception de la pérennité de la relation entre les deux parties affectera le choix du type de stratégie de négociation.

Plus les pouvoirs relatifs de négociation des parties s'équilibrent, plus il peut y avoir tendance à laisser les choses traîner en longueur jusqu'à l'impasse, chacune des parties restant sur ses positions. On adopte alors une stratégie d'attente, pensant que le temps jouera en notre faveur. Telle situation porte en elle tous les germes d'une stratégie conflictuelle.

5ᵉ leçon
Dans une situation où les pouvoirs relatifs de négociation s'équilibrent, toute stratégie d'attente porte en elle tous les germes d'une stratégie conflictuelle.

Le pouvoir relatif de négociation des parties peut donc engendrer naturellement des choix de stratégie. Nous en avons illustré quelques cas. Mais il y a d'autres éléments affectant ce choix de stratégie.

L'histoire des relations

L'histoire des relations vient immédiatement après le pouvoir de négociation. La perception par une partie d'une relation avec l'autre qui a été durable et profitable en nombre d'accords conclus mènera à une stratégie coopérative. L'inverse se traduira par une relation conflictuelle. Ainsi, une attitude de principe négative envers l'autre partie, liée ou non, comme elle l'est le plus souvent, aux questions à négocier, de nature idéologique ou née d'un préjudice antérieur subi ou de toute autre cause, conduira à une stratégie conflictuelle et constituera un obstacle à toute tentative d'éléments coopératifs (Rojot, 1994).

Il faut se rendre compte que l'estimation que se font les parties de la qualité de leur histoire et de leurs relations est très fragile en ce qu'elle dépend essentiellement des perceptions des personnes en place. Un changement de personnes peut alors amener un changement de perception.

6ᵉ leçon
Plus l'histoire et l'expérience des relations entre les parties sont jugées positives, plus on tentera vers une stratégie coopérative et inversement.

La négociation collective, nous l'avons dit, n'est pas un processus statique. Il est continu et mène éventuellement à la conclusion de conventions collectives successives avec lesquelles il faut vivre et qu'il faut administrer ensemble. Ce souci facilitera la stratégie coopérative.

7ᵉ leçon
Plus les parties se préoccupent de l'après-négociation, plus elles auront tendance à adopter une stratégie coopérative.

Les structures de négociation

Nous avons déjà établi au chapitre 4 que les structures de négociation reflètent la façon dont les parties organisent leurs relations de négociation collective à l'interne et avec l'autre.

À l'interne, la présence d'un large consensus entre mandants et mandataires de chaque organisation engagée dans la négociation collective emportera avec elle une tendance à une stratégie coopérative. L'absence d'un tel consensus mènera plus à une approche conflictuelle.

8ᵉ leçon
La présence d'un large consensus entre mandants et mandataires de chaque organisation en présence lors d'une négociation mènera à une tendance à une stratégie coopérative, et inversement.

À l'externe, une structure de négociation centralisée, qu'elle soit étroite ou large, amènera les parties concernées à tendre vers une stratégie conflictuelle. En effet, dans ce genre de structures, les enjeux sont énormes, même sociaux, et mènent inévitablement à la politisation de la négociation. L'introduction d'éléments coopératifs sera ici d'autant plus difficile que la négociation collective se situe loin des lieux réels de travail.

Les stratégies de négociation adoptées par les parties dans la construction québécoise illustrent ce point de vue.

9ᵉ leçon
Plus une structure de négociation est centralisée (qu'elle soit étroite ou large), plus il sera difficile d'introduire des éléments coopératifs dans les stratégies de négociation.

Le style de gestion des ressources humaines

Plus la gestion des ressources humaines d'une organisation sera centralisée, bureaucratique, technocratique, inflexible, sans souplesse et sans imagination, plus la stratégie de négociation sera conflictuelle. À l'inverse, une gestion des ressources humaines proche des gens, souple, flexible et imaginative favorisera l'implantation de stratégies coopératives.

10ᵉ leçon
Le style de gestion de ressources humaines d'une organisation influence le choix de la stratégie de négociation.

Les objectifs poursuivis

Un autre facteur influençant le choix d'une stratégie repose sur le poids que représentent les objectifs poursuivis par les parties lors d'une négociation, c'est-à-dire les enjeux.

D'emblée, retenons d'abord à cet égard que l'inexistence réelle ou perçue d'une zone de contrat lors d'une négociation entraîne inévitablement une stratégie conflictuelle. L'inexistence d'une zone de contrat signifie que le minimum de l'un est supérieur au maximum de l'autre ou, autrement dit, que le point de résistance de l'un est supérieur au point de résistance de l'autre. Par exemple, en ce qui a trait au salaire, ce serait le cas si le minimum syndical était de 13 $ l'heure, alors que le maximum patronal est de 10 $ l'heure.

11ᵉ leçon
L'inexistence réelle ou perçue d'une zone de contrat lors d'une négociation collective entraîne inévitablement une stratégie conflictuelle.

Ce serait également le cas lors d'une demande syndicale perçue comme nettement exagérée et déraisonnable. Le message devient simplement que le syndicat veut le conflit et ne veut pas réellement négocier. Une telle attitude a un effet d'entraînement dangereux sur l'issue et la nature du règlement.

Une autre leçon eu égard aux objectifs ou aux enjeux vise leur importance pour chaque partie et l'intensité de l'engagement des parties et de leurs négociateurs envers ceux-ci. Rojot (1994) est très clair sur ce sujet. Plus l'enjeu est important, c'est-à-dire plus la nécessité de satisfaire les objectifs est grande, ou plus graves sont les problèmes internes, plus la tendance de la stratégie s'orientera vers le conflit. Dans une relation donnée donc, plus forte apparaît la nécessité de satisfaire ses besoins, plus fortes seront les caractéristiques conflictuelles de cette stratégie.

12ᵉ leçon
Plus il est important de satisfaire ses objectifs ou enjeux, plus conflictuelle sera la stratégie.

Un autre facteur vise le caractère pressant de satisfaire nos objectifs, nos enjeux. Plus une partie est empressée, plus elle accroît sa dépendance à l'endroit de l'autre et plus alors cette dernière aura de pouvoir de négociation.

La partie plus empressée aura plus tendance, toutes choses étant égales par ailleurs, à adopter une approche coopérative, alors que l'autre aura tendance, *ceteris paribus*, à favoriser le conflit.

13ᵉ leçon
Plus une partie est pressée d'atteindre ses objectifs, plus elle aura tendance à favoriser l'approche coopérative. Cet empressement amènera l'autre vers une stratégie conflictuelle.

Les objectifs poursuivis pour les parties se concrétisent par des points ou des sujets précis à être négociés. La nature de ces points ou sujets à négocier influencera fortement l'orientation de la stratégie.

Dans un tel contexte, les points purement distributifs et de principe mèneront à une stratégie conflictuelle. Cette question de principe est ici fort importante. Les principes ne sont pas négociables. Dans un tel contexte, la négociation n'est simplement pas possible. Cela permet alors de comprendre que, poussées à l'extrême, les questions de principe rendent la stratégie nécessairement conflictuelle, synonyme d'absence de négociation. Les points purement intégratifs, pour leur part, inciteront à la coopération (Rojot, 1994). Les points mixtes, surtout ceux qui n'entraînent pas de coûts monétaires directs et immédiatement visibles, ne sont pas sujets aux présentes leçons.

14ᵉ leçon
Dès lors que les enjeux comptent sur le plan des principes, il n'y a pas de place pour la négociation.

15ᵉ leçon
Les sujets de négociation purement distributifs mèneront vers une stratégie conflictuelle, alors que les sujets purement intégratifs favoriseront la coopération.

Des leçons qui précèdent et de la somme pondérée de leurs effets dans une situation donnée, il sera possible d'établir vers laquelle des deux extrémités du continuum de stratégie préalablement établi (conflictuel et coopératif) les parties s'orienteront.

Entre ces deux extrêmes, nous rencontrons différents types de stratégies qui s'imposeront selon le pouvoir relatif de négociation de chacun, la structure de négociation et le résultat des leçons présentées ci-dessus : stratégie de retrait, stratégie de compétition-confrontation (agression, domination), stratégie de conciliation (apaisement, sacrifice) et stratégie du compromis (partage, échange, marchandage, collaboration, résolution de problèmes) (Rojot, 1994). Une étude plus poussée du processus de la négociation collective devra approfondir tous ces types de stratégie.

Reste alors, pour déterminer une stratégie, à choisir les éléments, parmi les déterminants de la stratégie, sur lesquels vont porter tactiques et comportements et lesquels passer sous silence. C'est ce que nous étudions dans la suite de ce chapitre.

LES TACTIQUES : QUELQUES ENSEIGNEMENTS

Les tactiques, rappelons-le, regardent l'application concrète de la stratégie dans des cas particuliers.

Elles sont d'autant plus nécessaires qu'il faut trouver et mettre en application des moyens concrets, généralement simples, pour traduire notre stratégie. Elles sont nécessaires également parce qu'il y a obstacles à la coopération, à l'accord naturel. D'abord, l'humain réagit souvent avec un esprit de contradiction. Nous avons discuté de cet aspect au chapitre 1. Ensuite, les émotions, les positions, les désirs et les besoins de chacune des parties, l'insatisfaction qu'on tente de contrer à notre avantage sont toujours présents. Enfin, il y a le pouvoir relatif de négociation de chaque partie en soi.

Les tactiques de négociation, par essence, sont illimitées et dépendent, pour leur choix, autant des personnes en place que des situations où elles trouvent application. C'est pourquoi il est littéralement impossible d'en faire une présentation exhaustive. Cela est ici d'autant plus risqué que nous voulons éviter l'étude du processus de négociation, sujet qui devrait faire l'objet d'un autre livre, rappelons-le.

Mais, dans un effort d'initiation à la négociation collective, il nous faut effleurer ce sujet, vu son importance réelle en pratique. Nous le ferons cependant d'une façon fort modeste, réalisant très bien que nous ne pouvons pas ici être exhaustif.

Le recours aux tactiques représente la première étape de la mise en application d'une stratégie. On les utilise pour tenter de manipuler le degré de dépendance d'une partie envers une autre, donc, également, le degré d'incertitude propre à toute négociation. On cherche alors à altérer la perception de l'autre quant à la situation réelle, la sienne et la nôtre (Rojot, 1994).

C'est dans ce contexte que nous présenterons certaines tactiques que nous avons regroupées en quatre catégories : tactiques de déroulement, d'échange, de contournement et déloyales. Nous poursuivrons avec une catégorie particulière et importante de tactiques : les comportements des personnes en négociation.

Tactiques de déroulement

Il est généralement reconnu qu'il y a avantage pour la partie qui contrôle les lieux où la négociation se déroule, la façon dont les échanges sont structurés et la façon dont les concessions sont faites. Reprenons brièvement chacune de ces tactiques.

Marcel Pepin, négociateur reconnu, est clair : il est avantageux de choisir soi-même le terrain physique de la négociation. À ce sujet, il est convaincu qu'il vaut mieux négocier chez soi que chez l'adversaire (Keable, 1998). Il est alors plus possible de contrôler la mise en scène à son avantage.

Il en est de même de l'initiative de la convocation des rencontres, de l'ordre du jour, de la détermination de la durée des séances de négociation, etc. Bref, de trouver, par ces tactiques, des moyens d'augmenter notre statut, notre pouvoir, du moins apparent face à l'autre.

Toute négociation amène avec elle son lot de concessions. On s'y attend, c'est normal, cela fait partie du jeu. Mais, attention, elles ne doivent pas être faites au hasard. Le message est ici très simple : si ces concessions sont faites trop vite et de façon définitive, elles peuvent être perçues comme une marque de faiblesse et même, à la rigueur, tuer la crédibilité du négociateur qui les fait.

Cela ne veut pas dire pour autant qu'il ne faut pas faire de concessions, au contraire, tout, en somme, est dans la manière. Soit que la meilleure concession, à un moment stratégique, est de retirer une demande préalablement formellement exprimée, soit qu'il faille recourir à la notion de « concession conditionnelle », c'est-à-dire une concession faite s'il y a entente globale, si l'on peut en avoir le mandat, si l'autre retire tel ou tel point, dans un certain laps de temps, etc. Cette tactique de concession conditionnelle peut certes être très utile. D'ailleurs, plusieurs proverbes ou locutions en sont le reflet : donner peu et donner tard, qui donne doit

recevoir, qui reçoit doit donner, que peut-on acheter avec de la bonne
volonté ? À acheter des requins, tout ce que l'on gagne, c'est d'avantage de
requins, rien n'est définitivement réglé, se faire manger tranche par tranche, etc. (Rojot, 1994).

Tactiques d'échange

Parmi l'infinité de tactiques possibles lors des échanges nécessaires
qu'exige toute négociation collective, et sans préjuger ici de l'importance
relative de chacune, cette présentation étant aléatoire, retenons d'abord
celles qui ont trait aux systèmes des pourparlers : répétitions, ralentissement, accélération, rappels, etc. En somme, il s'agit surtout d'utiliser le
facteur temps à son avantage, ce qui permet de prendre du recul, de réflé-
chir et de voir la situation d'une façon plus objective.

Les silences peuvent également être d'utiles complices. Ils permet-
tront de mieux comprendre l'autre et, surtout, d'en donner l'impression,
de juger les options possibles, de développer de l'empathie, etc.

Le langage non verbal devient important : assis, debout, sorties de
salle, pauses, prise de notes, etc., sont autant de tactiques qui permettent
de distraire et de déstabiliser l'autre.

Marcel Pepin nous livre aussi quelques règles (Keable, 1998). D'abord,
pour ces échanges qu'exige toute négociation, chaque partie ne devra avoir
qu'un seul porte-parole, sinon il existe toujours le risque, s'il y en a plusieurs, que l'autre partie les joue les uns contre les autres. Ensuite, dans
l'ordre des sujets de l'échange, il est préférable de commencer par le plus
subtil, le plus léger, pour se roder d'abord et pour mieux voir la méthode
de l'autre avant d'aborder les sujets importants. Une autre règle vise à ne
frapper que sur un clou à la fois. Tout ne peut pas être prioritaire. Il faut
savoir choisir.

De plus, toute négociation collective mène à la rédaction de textes.
Plusieurs règles trouvent ici application. D'abord, celle de la parole donnée. Il faut absolument respecter l'entente verbale acceptée lors de sa traduction dans des textes. Ensuite, il faut écrire court et clair. Une convention
collective n'est pas une dissertation. Plus on écrit, plus l'interprétation
éventuelle des textes pourra s'éloigner de l'intention initiale.

Finalement, il faut bien connaître et surtout savoir bien utiliser les
subtilités de la langue française. Par exemple, les « toutefois », les « néan-
moins » et les « nonobstant » ont leur sens propre dont l'arbitre de grief
devra éventuellement tenir compte.

Cette présentation des tactiques d'échange est loin d'être exhaustive.
Elle devra être complétée lors de l'étude approfondie du processus de
négociation.

Tactiques de contournement

Les tactiques de contournement visent à contourner un problème ou écueil rencontré lors d'une négociation. Nous avons ici retenu trois tactiques.

À l'occasion, il peut être utile et profitable de cesser les pourparlers. Cela est d'autant plus vrai si une stratégie conflictuelle a été retenue. Ainsi, reporter les pourparlers, rompre les discussions, bouder les séances de négociation peuvent être des tactiques efficaces.

Ensuite, en cas d'impasse, il se peut que le meilleur négociateur patronal soit le négociateur syndical et vice-versa. Cette tactique consiste essentiellement à se faire offrir par l'autre ce qu'il nous a préalablement refusé (Keable, 1998).

Finalement, surtout lors de la négociation d'une première convention collective, le recours à un tiers pourra permettre d'obtenir plus que par la négociation directe. Ainsi, une partie peut toujours décider de recourir à un conciliateur, à un médiateur ou à un arbitre de différends. Nous creuserons ce sujet du recours à un tiers au chapitre 7. Qu'il suffise ici de retenir qu'un tel recours peut constituer une tactique de contournement fréquemment utilisée en pratique, qui peut même devenir une mesure dilatoire.

Tactiques déloyales

Il faut certes mentionner les tactiques déloyales puisqu'elles existent. N'étant surtout pas le propre des stratégies coopératives, leur utilisation est fort dangereuse et tue la crédibilité de leur auteur.

Ces tactiques incluent le mensonge délibéré, la création de situations angoissantes, telle la filature des conjoints des négociateurs adverses, les attaques personnelles, les menaces de tous ordres, le refus de négocier, l'escalade des exigences, etc. Ici, comme ailleurs, l'imagination humaine peut être sans borne.

Certes, de tels comportements déviants existent et constituent le cancer de la négociation collective. Leur existence contribue aussi à entretenir le mythe de mystère et de clandestinité de certaines négociations. Connaissant leur existence, le négociateur sérieux saura se préparer pour contrer de telles manœuvres.

Il y a également certaines tactiques qui visent les comportements de négociation. Nous leur avons consacré la section suivante.

LES COMPORTEMENTS DE NÉGOCIATION

La négociation collective est un processus qui se réalise entre humains. Leurs comportements deviennent alors d'une importance cruciale.

Combien de fois avons-nous entendu demander ce qu'il fallait faire pour devenir un bon négociateur, quoi faire et quoi ne pas faire ? La réponse à ces questions, quant à nous, est claire et, à cet égard, nous partagerons entièrement le point de vue de Marcel Pepin (Keable, 1998). Négocier est plus un art qu'une technique et l'art de négocier ne s'enseigne pas. On l'a ou on ne l'a pas. Certes, il y a quelques règles de base à suivre. Nous en avons déjà présenté plusieurs et nous en présentons ici quelques autres visant plus particulièrement le comportement des négociateurs, car on peut cependant apprendre quoi ne pas faire.

Une règle de base essentielle : la préparation

Entamer une négociation collective sans préparation, c'est plonger à l'eau sans savoir nager. La préparation du négociateur ou de l'équipe de négociation est essentielle et préalable au processus même de négociation. Elle est la première étape à franchir. Cette préparation vise :

- l'évaluation du pouvoir de négociation des parties en présence (voir notre modèle synthèse présenté au chapitre 3) ;

- la détermination des objectifs et l'évaluation des besoins de notre partie et de l'autre ;

- l'évaluation des négociateurs en place, leur personnalité, leur réputation, etc. ;

- l'évaluation des facteurs externes (marché du produit, clients, fournisseurs, prêteurs, endossement financier, opinion publique, industrie, caractéristiques régionales, interventions possibles du gouvernement, etc.) ;

- l'évaluation des facteurs internes, c'est-à-dire toutes les caractéristiques de l'entreprise ;

- la définition de la stratégie et des tactiques avant la négociation et le réalignement en cours de négociation ;

- l'inventaire des options possibles, des solutions de rechange, etc.

Cette préparation du dossier de négociation est donc essentielle.

Quelques caractéristiques personnelles

On dit souvent des bons négociateurs qu'ils sont des personnes calmes, patientes, imaginatives, capables de bluff, crédibles, respectueuses, qui tiennent leur parole, etc. Deux choses méritent ici d'être soulignées de façon particulière. D'abord, le négociateur doit croire profondément à la position qu'il défend. Feindre telle croyance, c'est faire une brèche dans la crédibilité du négociateur. Ensuite, le négociateur doit savoir assouplir son mandat et évidemment être capable de convaincre ses mandants du bien-fondé de ces assouplissements.

Le pire ennemi du négociateur est souvent ses émotions. Plus il verra une négociation comme une affaire personnelle et plus il en sera touché de façon émotive, plus il perdra le contrôle de son dossier et il se dirigera inévitablement vers l'échec de l'atteinte de ses objectifs.

CONCLUSION

Les stratégies et les tactiques sont donc une partie essentielle de toute négociation. Même si leur traitement tient plus de la pratique du processus de négociation, nous avons ici tenté d'en voir les grandes lignes pour en illustrer l'importance dans la négociation collective.

Stratégie n'est pas tactique. La stratégie vise l'approche générale du plan d'action à adopter, les tactiques regardent l'application concrète de la stratégie dans des cas particuliers, par des moyens généralement simples.

Quant aux stratégies, nous avons eu recours au continuum de Bellenger (1984) dont les extrêmes, découlant essentiellement de l'approche des parties à la négociation, renvoient à deux types de négociations : conflictuelle et coopérative. De l'expérience et de la littérature, nous avons tiré quinze leçons présentant les facteurs qui feront qu'une partie à la négociation tendra plus vers une stratégie conflictuelle ou coopérative.

Les tactiques possibles lors d'une négociation sont à l'infini, reflétant l'imagination humaine. Dans l'objectif du présent ouvrage, nous en avons présenté certaines en les regroupant en tactiques de déroulement, d'échanges, de contournement et déloyales et, finalement, nous nous sommes arrêtés sur les comportements des personnes en négociation. Certes, il s'agit ici d'un vaste sujet. Bien sûr, tout n'est pas stratégie, mais combien important est ce sujet pour l'atteinte des objectifs poursuivis en négociation.

Entre les deux extrêmes du continuum, les tendances vers un côté ou l'autre varient dans le temps en fonction d'un certain nombre de facteurs, incluant l'état de l'économie, le contexte politique, l'approche à la négociation collective par les parties, le style de gestion dans l'organisation, la santé financière de l'entreprise, etc. Ainsi, plus récemment, il y a eu au

Québec une vague en appui à l'approche coopérative, que l'on dénomme la négociation raisonnée.

Il semble cependant que l'approche la plus utilisée soit celle qui emprunte aux deux tendances extrêmes : c'est l'approche mixte qui se veut conflictuelle pour certains sujets négociés et coopérative pour d'autres.

Ce sujet des stratégies et tactiques est fascinant parce qu'il est universel et applicable en pratique cas par cas. Il exige donc beaucoup d'attention et d'analyse par les parties à la négociation collective.

À ce stade-ci, il devrait être clair qu'il existe une relation d'interdépendance dynamique et continue entre les stratégies et les tactiques, le pouvoir de négociation et les structures de négociation. Voyons de quoi il retourne.

QUESTIONS

1. Quelles différences y a-t-il entre stratégies et tactiques ?

2. En quoi l'approche à la négociation collective pourra-t-elle influencer les stratégies et les tactiques des parties engagées dans une négociation collective ?

3. Comment le degré de dépendance d'une partie par rapport à l'autre influencera-t-il les stratégies de négociation ?

4. Élaborez un inventaire le plus exhaustif possible des tactiques en négociation collective.

LECTURES SUGGÉRÉES

- BELLENGER, Lionel (1984), *La Négociation*, Paris, Presses universitaires de France, coll. « Que sais-je ? », p. 33-50.

- KEABLE, Jacques (1998), *Le Monde selon Marcel Pepin*, Montréal, Lanctôt éditeur, p. 167-184.

- ROJOT, Jacques (1994), *La Négociation*, Paris, Librairie Vuibert.

CHAPITRE **VI**

L'inévitable trilogie : pouvoir de négociation, structures de négociation, stratégies et tactiques

Une trilogie : trois tragédies, trois œuvres ou trois symptômes.
Dictionnaire universel francophone

Il devrait être clair, à ce stade-ci, que non seulement la négociation collective est dynamique et changeante, mais aussi qu'il existe inévitablement des interrelations tout aussi dynamiques et changeantes entre ses principales composantes.

Notre thèse ici est simple : le pouvoir de négociation, les structures de négociation et les stratégies et tactiques de négociation s'influencent les uns les autres avant et pendant la négociation collective vu les inévitables changements dans l'environnement interne et externe et vu les positions et les mouvements de l'autre.

L'objectif de ce chapitre est de présenter et d'illustrer ces inévitables interrelations. Il ne s'agit certes pas ici d'un exercice inutile, puisque la prise de conscience de ces interrelations est, en pratique, essentielle tant pour comprendre ce qu'est la négociation que de pouvoir bien en observer la traduction pratique.

Pour ce faire, nous présenterons d'abord la nature de cette trilogie pour ensuite nous arrêter sur chacune des possibilités d'interrelation entre ces composantes. Notons immédiatement que ces interrelations sont nombreuses, variables et changeantes dans le temps et dans l'espace, pas toujours volontaires et souvent imprévisibles.

Ce chapitre a évidemment ses limites. D'abord, celle de se situer dans une approche d'initiation à la négociation collective. Une étude approfondie de cette trilogie n'est certes pas à écarter. Ensuite, nous ne prétendons aucunement être ici exhaustif dans la présentation des possibilités d'interrelations entre pouvoir de négociation, structures de négociation et stratégies et tactiques de négociation. Nous tenterons plutôt de présenter les principales interrelations en les illustrant d'exemples pratiques.

Nous cherchons donc à mettre en lumière que les concepts de pouvoir, de structures et de stratégies et tactiques de négociation ne sont pas statiques et n'existent pas, surtout dans leur traduction pratique, indépendamment les uns les autres.

NATURE DE LA TRILOGIE

Tant théoriquement qu'en pratique, les conditions changeantes dans l'environnement interne et externe de toute négociation collective, la nature des objectifs poursuivis par chacune des parties à une négociation collective ainsi que leurs révisions et les positions et mouvements de l'autre amènent inévitablement une série d'interactions dynamiques entre pouvoir de négociation, structures de négociation et stratégies et tactiques de négociation.

Ainsi, le pouvoir de négociation d'une partie pourra influencer le type de structures de négociation recherché. À l'inverse, les structures de négociation en place, imposées ou non, pourront influencer le pouvoir de négociation relatif des parties.

Que le pouvoir de négociation d'une partie influence son choix de stratégies et de tactiques est évident. À l'inverse, le choix des stratégies et tactiques de négociation peut affecter le pouvoir de négociation réel et actualisé d'une partie. Finalement, notons que les structures de négociation et les stratégies et tactiques de négociation sont également interdépendantes. Illustrons cette trilogie par le graphique 4.

Graphique 4

NATURE DE LA TRILOGIE DE LA NÉGOCIATION COLLECTIVE

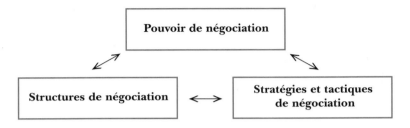

Reprenons chacune de ces interrelations de la façon suivante :

Pouvoir ↔ Structures

Pouvoir ↔ Stratégies et tactiques

Structures ↔ Stratégies et tactiques

LES INTERRELATIONS DANS LA TRILOGIE

Nous avons mentionné que ces interrelations sont nombreuses, variables et changeantes dans le temps et dans l'espace, pas toujours volontaires et souvent imprévisibles. Nous en présentons et illustrons donc quelques-unes, les plus importantes.

Entre pouvoir et structures de négociation

Selon le degré relatif de leur pouvoir de négociation, chacune des parties aura tendance à privilégier un type de structures qui permet de maximiser son pouvoir de négociation. De plus, comme les structures de négociation peuvent être adaptées aux désirs des parties, volontairement ou par intervention gouvernementale, au-delà de la structure formelle alors en place, il n'est pas rare de voir les parties à la négociation chercher des structures de négociation qui maximisent, sinon augmentent leur pouvoir relatif de négociation. Voyons quelques possibilités.

Examinons d'abord cette situation où le syndicat et l'employeur ont un grand pouvoir relatif de négociation. Un syndicat doté d'un tel pouvoir sera d'autant plus tenté par des structures de négociation centralisées que son degré de pénétration dans l'industrie concernée sera grand. Ce faisant, il maximisera sa capacité de déranger, d'imposer des coûts encore plus grands à l'autre partie et de sortir les conditions de travail de la concurrence. L'exemple de l'industrie québécoise de la construction est frappant à cet égard. En outre, comme nous l'avons vu au chapitre 4, plus un syndicat sera capable d'organiser les travailleurs sur la base du métier et de se faire accréditer comme tel, plus il jouira de l'avantage d'être petit, comme nous l'avons expliqué au chapitre 3, et alors plus il pourra accroître son pouvoir de négociation, toutes choses étant égales par ailleurs. L'employeur à grand pouvoir relatif de négociation aura, pour sa part, tendance à favoriser la décentralisation des structures de négociation. Agissant ainsi, il contrôle mieux ses propres affaires et n'a pas à échanger de l'information cruciale avec ses concurrents. L'employeur à grand pouvoir relatif de négociation sera donc fort individualiste.

Par contre, l'employeur à faible pouvoir relatif de négociation aura plus tendance à s'associer volontairement avec d'autres employeurs de son industrie ou à accepter des structures informelles de négociation. Cela traduit simplement un réflexe de survie puisqu'il peut alors se placer au même niveau de conditions de travail que ses concurrents. S'il devait, sur ce plan, être au-dessus des autres, il pourrait simplement disparaître. L'exemple de l'Association des concessionnaires d'automobiles de la région de Québec est riche d'enseignements à cet égard.

En un tel contexte, la consolidation des structures de négociation permet aux employeurs d'éviter la surenchère (*whipsawing*), surtout dans une industrie fragmentée, et d'augmenter leur pouvoir relatif de négociation. Dans de telles circonstances, il n'est pas surprenant d'assister à la formation d'associations patronales de négociation collective dans ces industries fragmentées, à marchés locaux ou régionaux et à tendance monopolistique syndicale. L'exemple de l'industrie québécoise de la construction est ici historiquement encore valide.

Le syndicat à faible pouvoir relatif de négociation aura, eu égard aux structures de négociation, à peu près la même réaction que les employeurs dans une situation identique. En effet, plus son pouvoir relatif de négociation est faible, plus l'industrie où il travaille est fragmentée et plus son degré de pénétration dans cette industrie est grand, plus le syndicat concerné cherchera à augmenter le niveau de centralisation de la négociation collective. À cet égard, rappelons l'expérience vécue au Québec dans la restauration. Dans cette industrie fragmentée, s'il en est une, le syndicat majoritairement présent, sur une base régionale, a vainement cherché à hausser le niveau des structures de négociation essentiellement pour mieux sortir les conditions de travail de la concurrence et ainsi accroître son pouvoir relatif de négociation. Vainement parce que les employeurs se sont objectés à modifier la taille de leur unité de négociation (structure formelle de négociation). Face à ce refus patronal, on a avancé l'idée de la négociation multipatronale, issue de l'expérience des décrets de convention collective au Québec. Selon cette idée, de par la loi, tous les employeurs d'un même secteur d'activité ou d'une même industrie, dans une région donnée, formeraient une seule et unique unité de négociation. Ce faisant, les syndicats réussiraient à sortir les conditions de travail de la concurrence et ainsi augmenteraient leur pouvoir relatif de négociation. Or, cette revendication syndicale ne fut jamais, à ce jour, endossée par le gouvernement québécois.

Nous avons examiné la relation pouvoir-structures de négociation en insistant sur le type de structure de négociation selon le degré de pouvoir relatif de négociation que possède chacune des deux parties. Voyons maintenant quelques illustrations de l'influence du type de structures de négociation sur le pouvoir de négociation.

Une structure de négociation décentralisée, étroite ou large, favorise généralement d'autant moins le pouvoir de négociation du syndicat que l'industrie est fragmentée. L'exemple des magasins d'alimentation est claire à ce sujet. Cela est d'autant plus vrai que, dans un tel type de structure, le syndicat concerné aura beaucoup de difficultés à être efficace devant les répercussions, réelles ou possibles, des changements technologiques, par exemple.

Pour l'employeur, par contre et toutes choses étant égales par ailleurs, une structure de négociation décentralisée, étroite ou large, lui conférera un pouvoir relatif de négociation plus grand.

À l'opposé, une structure de négociation plus centralisée, étroite ou large (rappelons que nous sommes toujours dans le secteur privé), aura tendance, toutes choses étant égales par ailleurs, à rendre le pouvoir relatif de négociation du syndicat plus grand puisque alors, encore une fois, il peut déranger plus et également être plus efficace pour sortir les conditions de travail de la concurrence.

En somme, sur ce point :

1. Un faible pouvoir relatif de négociation tant pour l'employeur que pour le syndicat (et pas nécessairement les deux à la fois) forcera les structures de négociation à la hausse vers une plus grande centralisation, toutes choses étant égales par ailleurs.

2. Un grand pouvoir relatif de négociation n'aura pas, toujours toutes choses étant égales par ailleurs, le même effet sur l'employeur et sur le syndicat eu égard aux structures souhaitées de négociation. L'employeur tendra naturellement vers une décentralisation des structures de négociation alors que le syndicat poussera d'autant plus pour une centralisation des structures que sa pénétration dans l'industrie concernée est grande. Cependant, pour les deux parties, dans ces mêmes conditions, la situation pourra être différente si l'industrie visée est fragmentée : les deux parties chercheront alors une centralisation des structures.

3. Alors qu'une structure de négociation centralisée, étroite ou large, entraîne avec elle, toutes choses étant égales par ailleurs, un plus grand pouvoir relatif du syndicat, surtout dans une industrie fragmentée, une structure décentralisée, étroite ou large, le défavorisera en termes relatifs.

4. Plus un syndicat a une grande pénétration dans une industrie donnée, plus ce syndicat cherchera, toutes choses étant égales par ailleurs, une centralisation des structures, formelles ou informelles, de négociation.

Donc, les structures de négociation ont ou peuvent avoir une grande influence sur le pouvoir de négociation, et vice-versa. Elles peuvent être tactiquement utilisées à l'avantage de l'une ou l'autre partie à la négociation collective. Cela est d'autant plus vrai que ces structures sont, passé un certain point, négociables et négociées.

Entre pouvoir et stratégies et tactiques de négociation

Les interrelations dynamiques entre pouvoir de négociation et stratégies et tactiques de négociation sont excessivement importantes car elles sont courantes et peuvent avoir un effet déterminant sur l'issue de la négociation collective.

Toute partie à une négociation tentera, normalement, d'adapter ses stratégies et ses tactiques à son pouvoir relatif de négociation. Par stratégies et tactiques, les plus forts tenteront de le demeurer et les plus faibles s'efforceront d'améliorer leurs positions.

Nous avons déjà vu les grandes tendances entre le pouvoir de négociation et les stratégies (donc les tactiques de négociation). Plus le pouvoir relatif de négociation d'une partie est grand, plus la négociation aura tendance à s'imposer à l'autre par des stratégies conflictuelles.

Les relations entre stratégies de négociation et pouvoir de négociation sont à la fois innombrables et fort importantes. D'entrée de jeu, il est clair à ce sujet, répétons-le, que les plus faibles en termes de pouvoir de négociation chercheront par toutes sortes de stratégies et de tactiques, à améliorer leur pouvoir relatif de négociation. Les plus forts, pour leur part, voudront le demeurer. Leurs stratégies et leurs tactiques traduiront cet objectif.

Dans l'étude de l'évaluation du pouvoir de négociation au chapitre 3, notre modèle synthèse a privilégié cinq facteurs. Arrêtons-nous ici surtout, en les illustrant, sur deux de ces facteurs (financiers et économiques) en voyant comment, par stratégie et tactiques, les parties peuvent tenter de faire varier leur propre pouvoir de négociation.

Au sujet des facteurs financiers, nous avons insisté sur la capacité de payer de l'employeur et sur la résistance financière de chacune des deux parties face à un conflit. Les relations entre les stratégies de négociation et ces facteurs sont les suivantes :

1. La stratégie syndicale de négociation sera d'autant plus conflictuelle que, toutes choses étant égales par ailleurs, la capacité réelle de payer de l'employeur est grande. L'opposé est également vrai.

2. La stratégie de chacune des deux parties sera d'autant plus conflictuelle que leur capacité de résistance financière (telle qu'elle a été définie au chapitre 3) sera grande et vice-versa, toutes choses étant égales par ailleurs.

En adoptant tel ou tel type de stratégie en réaction à ces facteurs financiers, chacune des deux parties cherche évidemment à améliorer sa position eu égard à son pouvoir relatif de négociation.

Quant aux facteurs économiques influençant le degré de pouvoir relatif des parties à une négociation collective, nous en avons déjà amplement établi l'importance dans le secteur privé. Rappelons que les facteurs économiques influençant le pouvoir de négociation que nous avons retenus incluent l'élasticité de la demande du produit, donc du travail, le degré de facilité pour l'employeur de substituer d'autres facteurs de production et l'avantage d'être petit.

Ces seuls facteurs peuvent devenir objets de stratégies et tactiques du côté syndical dont l'objectif sera alors nettement d'accroître son pouvoir de négociation. Examinons-les successivement.

D'abord, un syndicat aux prises avec un marché où l'élasticité de la demande du produit, donc du travail, est grande aura intérêt à adopter des stratégies visant à réduire cette élasticité (pour les motifs que nous avons expliqués au chapitre 3) et ainsi à augmenter son pouvoir de négociation.

Certes, de prime abord, on serait porté à croire qu'il est difficile d'influencer le caractère essentiel d'un bien. Cependant, il arrive souvent que le caractère essentiel d'un bien découle de la réglementation publique (Dussault, 1997). Ce serait le cas, par exemple, si une réglementation rendait obligatoire le port du casque protecteur pour les cyclistes ou dans les ligues organisées de hockey amateur. On comprendra que les syndicats des entreprises de fabrication de tels casques chercheront et appuieront l'adoption d'une telle réglementation, car celle-ci réduit l'élasticité de la demande de tel produit, donc la demande de travail, et rend la quantité demandée de casques plus insensible aux variations de prix (Dussault, 1997).

On comprendra alors pourquoi les travailleurs des écoles de conduite se sont opposés au projet de déréglementation qui enlevait le caractère obligatoire des leçons de conduite. En fait, par leurs réactions, ils cherchaient à préserver le caractère plus inélastique de la demande de leurs services.

Donc, les syndicats chercheront et appuieront toute réglementation qui réduira l'élasticité de la demande d'un produit, donc de sa demande de travail.

Ensuite, notons que c'est surtout par des actions visant à diminuer le nombre de produits substituts ou à influencer l'évolution des coûts de production de ces substituts que les syndicats essaient d'influencer l'élasticité de la demande des produits qu'ils fabriquent (Dussault, 1997). Si les produits substituts sont fabriqués par des non-syndiqués à taux de salaire inférieurs à ceux des syndiqués, les syndicats vont essayer d'organiser la plus grande partie de l'industrie et d'harmoniser l'évolution des salaires. C'est pour cette raison que les syndicats québécois ont été historiquement favorables à la loi sur les décrets et qu'ils combattent le travail au noir dans l'industrie de la construction. L'idée de base ici est donc d'amener les concurrents non syndiqués à notre niveau de conditions de travail ou à peu près.

Au moins deux autres tactiques syndicales traduisent la stratégie syndicale de réduire l'élasticité de la demande du produit. La première, « l'étiquette syndicale », a pour objectif d'accroître la préférence pour les produits fabriqués par des travailleurs syndiqués et identifiés par la mention « fabrication syndicale » ou *union made*. La consultation d'une étiquette de bouteille de bière québécoise de grande marque illustre ce fait. Pour une fois qu'une bouteille de bière peut enseigner quelque chose... Plus cette préférence pour l'étiquette syndicale sera grande, plus il pourra se créer un écart de prix entre ces biens « étiquetés » et leurs proches substituts, diminuant ainsi l'élasticité de la demande pour ces produits « étiquetés ». Un parallèle peut être fait ici avec les produits dits équitables en contexte de mondialisation.

La seconde tactique concerne les campagnes d'achat chez nous qui sont essentiellement des efforts pour convaincre les consommateurs que les biens produits localement ou régionalement sont meilleurs que les biens substituts importés et que leur demande encourage l'emploi chez nous. On tente ainsi à réduire l'élasticité de la demande du produit, donc du travail, pour augmenter son pouvoir de négociation.

La possibilité pour l'employeur de substituer le facteur travail par un autre facteur de production affecte le pouvoir relatif de négociation des parties en présence. Le syndicat tentera d'empêcher ou de freiner cette substitution en utilisant différentes stratégies et tactiques qui auront pour effet de protéger son pouvoir de négociation.

Ces stratégies et tactiques sont essentiellement des méthodes de protection de l'emploi que le syndicat tentera d'introduire dans la convention collective : ratio d'utilisation de catégories de personnel, rapport apprenti-compagnon comme dans l'industrie québécoise de la construction, rapport maître-élèves, gel de la technologie, descriptions pointues d'emplois, organisation du travail, prohibition ou contrôle de la sous-traitance sont autant d'exemples à ce sujet.

Finalement, pour exercer une pression à la hausse sur son pouvoir relatif de négociation, le syndicat cherchera à se rendre « rare et petit », c'est-à-dire qu'il cherchera, dans toute la mesure du possible, à contrôler et même à restreindre l'offre de travail de ses membres et à réduire le plus possible l'importance relative des coûts de main-d'œuvre dans les coûts totaux de production.

Cette stratégie sera beaucoup plus difficile, voire impossible à utiliser pour les syndicats industriels. Elle sera cependant l'apanage des syndicats de métiers. Le contrôle de l'offre de travail se fera surtout par des restrictions à l'entrée de nouveaux membres (surtout dans les situations d'atelier fermé comme dans la construction québécoise et le débardage), par la hausse des frais d'entrée, par l'utilisation des bureaux de placement syndicaux et par le contrôle de la formation professionnelle.

Nous avons vu plus haut que les syndicats s'opposent à la sous-traitance. Mais, lorsque cette opposition ne réussit pas, les employés de l'entreprise qui sous-traite et qui restent quand même à son emploi verront leur pouvoir de négociation accru, toutes choses étant égales par ailleurs, puisque leurs coûts occuperont une part moins importante dans les coûts totaux de production. Ils seront plus petits.

Sur le plan macroéconomique, la réaction syndicale sera, pour se rendre rare, de revendiquer une politique de plein emploi puisque les travailleurs en emploi ont intérêt à ce que le taux de chômage soit bas. En effet, dans un marché donné, plus le taux de chômage est élevé, plus la concurrence des travailleurs disponibles pourra exercer une pression à la baisse sur les conditions de travail.

Dans un tel contexte, il ne sera pas surprenant de voir les syndicats s'opposer à l'immigration en période de ralentissement économique. L'exemple de la résistance des syndicats québécois à la mobilité de la main-d'œuvre de la construction entre l'Ontario et le Québec illustre ce point.

Entre structures et stratégies et tactiques de négociation

Examinons d'abord ces cas où les structures de négociation influencent les stratégies et les tactiques. Nous en retenons deux.

1. Plus une structure de négociation est centralisée, plus les stratégies et tactiques auront tendance à être conflictuelles et politiques. Nous avons déjà expliqué cette relation au chapitre 4.

2. Plus une structure de négociation est décentralisée, plus probable et facile sera le recours à une stratégie coopérative de négociation. Les gens étant alors plus près des lieux de travail et, idéalement, collés sur le centre de décision, ils pourront mieux se connaître, se faire confiance et s'échanger de l'information vraie et complète.

Les stratégies et tactiques peuvent avoir les structures de négociation comme objet, souvent avec l'objectif caché et non avoué d'accroître son pouvoir de négociation.

Alors que l'employeur (rappelons que nous sommes toujours dans le secteur privé) aura, la plupart du temps tendance à favoriser des structures de négociation décentralisées, le syndicat, par stratégie, cherchera à étendre les structures de négociation pour que celles-ci se confondent avec les contours géographiques du marché du produit. Cela n'est guère toujours facile ou possible, surtout dans un contexte de mondialisation des marchés. Cela le sera, cependant, dans des secteurs d'activité où le marché du produit est local ou régional, comme dans le secteur des services. La restauration en est un bon exemple, comme nous l'avons d'ailleurs déjà expliqué.

CONCLUSION

La dynamique même de la négociation collective fait que pouvoir de négociation, les structures de négociation et les stratégies de négociation sont des notions qui n'existent pas pour elles-mêmes. Chacune n'a de sens, dans le processus de négociation collective, que si nous la comprenons en relation avec les deux autres. C'est l'inévitable trilogie de la négociation collective.

Et cette trilogie a un sens théorique et pratique.

Un sens théorique, certes, parce que l'étude de la négociation collective doit nécessairement, croyons-nous, inclure ces inévitables interrelations entre ces trois notions. Les oublier serait équivalent à considérer la négociation collective comme un processus statique. Ce serait alors une erreur fondamentale.

Un sens pratique, parce que ce sont par ces interrelations que les modifications, les corrections de tir se font pendant une négociation collective. Les conditions environnementales internes et externes de même que les positions et les mouvements de l'autre exigent inévitablement souplesse d'adaptation et modifications, sinon l'atteinte des objectifs poursuivis sera fortement compromise.

Cette trilogie est donc inévitable et dynamique. La présentation que nous en avons faite n'est certes pas exhaustive. Nous avons ici choisi de présenter et d'illustrer les interrelations les plus importantes.

L'existence de cette trilogie n'exclut aucunement la possibilité de conflit, bien au contraire. Tel conflit ou menace de conflit font essentiellement partie de la stratégie de négociation au même titre que le recours à un ou des tiers pour tenter d'en venir à un règlement ou pour y parvenir.

C'est dans un tel cadre que nous arrivons naturellement aux méthodes de résolution des conflits.

QUESTIONS

1. Pourquoi la trilogie de la négociation collective est-elle inévitable ?

2. Illustrez comment le pouvoir de négociation peut affecter les structures de négociation.

3. Vous négociez dans le contexte d'un magasin d'alimentation de grande surface. Quelles seraient vos préférences quant aux structures, stratégies et tactiques de négociation ? Justifiez votre réponse en vous plaçant successivement du côté patronal et du côté syndical.

4. Quel est l'effet d'un faible pouvoir de négociation de chacune des deux parties à la négociation sur les structures de négociation ? Expliquez.

CHAPITRE VII

Méthodes de résolution des conflits en négociation collective

*Un mauvais arrangement
vaut mieux qu'un bon procès.*

Balzac

Nous avons déjà établi, au chapitre 2, que la négociation collective est l'affaire des seules parties engagées dans la recherche de solutions à leurs problèmes ou leurs divergences propres. Dans un tel contexte, toute intervention externe est en soi non naturelle.

Cependant, il n'est pas rare que les parties, désireuses d'en venir à une entente ou devant arriver à telle entente pour leur survie mutuelle et qui s'attendent à un haut degré de difficultés pour ce faire, choisissent, la plupart du temps de consentement, de recourir à une intervention extérieure, c'est-à-dire un ou des tiers.

Les parties pourront alors choisir entre deux grands types de recours à des tiers. Les premiers, que l'on peut qualifier d'interventions aidantes ou facilitantes, viseront la conciliation ou la médiation pour tenter de régler leurs différends, c'est-à-dire leur mésentente relative à la convention ou au renouvellement d'une convention collective ou à sa révision par les parties en vertu d'une clause le permettant expressément (*Code du travail*, art. 1e). Cette notion de différend est synonyme de conflit d'intérêts ou de conflit de négociation.

Le recours aux interventions aidantes ou facilitantes n'est pas rare au Québec. Par exemple, selon la revue *Le marché du travail* (janvier-février 1996), 13 % des conventions collectives conclues en 1994-1995, couvrant 21,4 % des salariés, l'ont été avec l'aide de la conciliation. En 1998-1999, il y eut 508 interventions de conciliation et de médiation sur un total de 3 209 conventions collectives déposées dans cette période (15,8 %). Pour l'année 1999-2000, ces interventions furent au nombre de 542 sur un total de 2 941 conventions collectives déposées (18,4 %) (ministère du Travail du Québec, 2000). Ces interventions aidantes ou facilitantes sont donc une réalité dont il faut tenir compte.

Le second type de recours à un tiers disponible aux parties constitue en soi une intervention disfonctionnelle. En effet, en confiant volontaire-ment leur litige à un tiers, appelé arbitre de différends, les parties abdi-quent leur volonté de régler elles-mêmes leurs problèmes et demandent à ce tiers de décider pour elles et d'écrire à leur place ce que sera leur convention collective ou une partie de celle-ci.

Les syndicats ont historiquement été fort réticents à un tel recours à un arbitre de différends pour une raison fort simple. En effet, ce faisant, le syndicat abandonne complètement une de ses deux fonctions premières, celle d'agent de négociation collective. Agissant ainsi, il se trahit lui-même. Cela en soi peut expliquer le faible recours à ce type de méthode volon-taire de résolution de conflits. En outre, non seulement une telle interven-tion tue la négociation collective mais, forts de leurs objectifs, les syndicats demeurent allergiques à toute intervention extérieure.

Ce recours à un tiers peut être obligatoire pour certains groupes privés du droit de grève, tels les policiers, les pompiers et les agents de la paix. Ce type d'intervention extérieure obligatoire appelle d'autres consi-dérations.

Comme l'avançait Blouin (1976), « que l'arbitrage soit volontaire ou obligatoire, le moins que l'on puisse dire est que sa caractéristique essen-tielle est qu'il intervient toujours comme une solution d'accommodement pour faire contrepoids à l'échec des professionnels de la négociation d'en arriver à une entente librement consentie ».

Le recours volontaire à une telle intervention disfonctionnelle est exceptionnelle et même rare. En effet, en 1994-1995, il y eut arbitrage de différends pour seulement 0,009 % des conventions collectives conclues dans cette période et ne couvrant que 0,006 % des salariés (ministère du Travail du Québec, 1996). En 1998-1999, des 3 209 conventions collectives déposées, on dénombre 16 arbitrages obligatoires, seulement 7 volontaires et 26 arbitrages de première convention collective. Pour l'année 1999-2000 sur les 2 941 conventions collectives déposées, les chiffres pour l'arbitrage de différends étaient, dans le même ordre, de 21, 3 et 18 (ministère du

Travail du Québec, 2000). Les statistiques qui précèdent démontrent de façon éloquente la rareté relative de ces interventions disfonctionnelles, illustrant ainsi le succès des parties à régler elles-mêmes leurs problèmes.

Le présent chapitre s'arrêtera d'abord aux interventions aidantes ou facilitantes que sont la conciliation et la médiation. Ensuite, nous présenterons quelques-unes des interventions disfonctionnelles au sens où nous l'avons expliqué ci-dessus et qui se concrétisent dans l'arbitrage des différends.

Il y a plusieurs limites au présent chapitre. D'abord, rappelons-le, nous nous situons dans le contexte d'une initiation à la négociation collective dans le secteur privé. Il ne faudra donc pas s'attendre à une présentation exhaustive de chacune des interventions extérieures aux parties ici traitées.

Ensuite, vu le sujet du présent ouvrage, nous nous concentrons exclusivement dans ce chapitre sur les conflits d'intérêts. Les méthodes de résolutions des conflits de droit, notamment l'arbitrage de grief, font déjà l'objet d'excellents ouvrages. À cet égard, Blouin et Morin (2000) ont publié un incontournable.

En outre, nous avons sciemment limité nos propos à la conciliation, à la médiation et à l'arbitrage des différends, laissant pour étude ultérieure d'autres formes de résolutions de conflits comme, pour les interventions facilitantes, la négociation continue, la négociation dite raisonnée, les comités paritaires et, pour les interventions disfonctionnelles, les lois spéciales et les services essentiels.

Finalement, les méthodes de résolution de conflits d'intérêts sont innombrables, à la limite à l'imagination humaine, nous nous concentrons donc ici sur les principales et les plus connues.

LES INTERVENTIONS AIDANTES OU FACILITANTES : LA CONCILIATION ET LA MÉDIATION

Dion (1986, p. 103) définit la conciliation comme étant une « procédure comportant l'intervention d'un tiers, qui ne possède aucun pouvoir coercitif, pour rapprocher les parties dans un conflit, faciliter le dialogue entre elles et les aider à se mettre d'accord ».

De la médiation, Dion (1996, p. 295) dit que c'est une « action de s'entremettre entre des parties opposées dans un conflit pour les rapprocher, les amener à dialoguer et, selon le cas et les lieux, leur suggérer diverses propositions en vue de conclure une entente ».

De ces définitions, se dégage une grande similitude entre ces deux interventions aidantes ou facilitantes. Leur objectif est similaire : aider les parties à se mettre d'accord ou à arriver à une entente. Et c'est par la mesure du degré d'atteinte de cet objectif que l'efficacité de la conciliation et de la médiation sera mesurée.

Historiquement, conciliation et médiation désignaient des réalités distinctes. On voyait la conciliation comme un processus mené par un fonctionnaire, généralement attaché au ministère du Travail, ou son équivalent, gratuit pour les parties et essentiellement orienté sur le dialogue. Traditionnellement, on voyait alors le conciliateur comme un aimable compositeur qui ne faisait aucune recommandation aux parties.

La médiation, pour sa part, était traditionnellement perçue comme un processus d'aide aux parties, mené par une personne choisie et payée par elles, et possédant le pouvoir et même le devoir de faire des recommandations dans le but de faciliter l'atteinte d'un accord.

Avec le temps cependant, les notions de conciliation et de médiation sont presque devenues synonymes. En effet, dans un contexte où la notion de conflit du travail a évolué vers les notions de tensions et de différends, comme nous l'avons vu au chapitre 2, tant l'approche à la conciliation qu'à la médiation a évolué vers des modes de résolution de différends qui engagent de plus en plus la responsabilité des parties (Désilets et L'Écuyer, 1990). Ainsi verra-t-on le conciliateur et le médiateur adopter des approches et des méthodes de travail similaires et ne pas hésiter à proposer aux parties des voies de solution.

Cette évolution conserve cependant la nature même du conciliateur et du médiateur. Tous les deux demeurent agents de facilitation et non de décision (Touzard, 1977) et doivent, pour l'efficacité de leur travail, satisfaire un certain nombre d'exigences.

Exigences de base

La conciliation et la médiation reposent uniquement sur le pouvoir de persuasion de l'intervenant (Ross, 1990) ; c'est là le propre de cette forme d'intervention. Mais pour persuader, pour amener les parties à communiquer réellement et être à l'écoute de suggestions constructives, l'intervenant devra pouvoir satisfaire un certain nombre d'exigences de base.

Nous en présentons ici quelques-unes, sans préjuger de l'importance relative de chacune.

Des négociateurs d'expérience

Il paraît évident que le conciliateur ou le médiateur devra avoir une bonne expérience comme négociateur ou en relations du travail. Cette expérience sera d'autant plus nécessaire qu'il devra sentir les situations, savoir dégager des zones d'ententes possibles, percevoir les stratégies et les tactiques des parties, cultiver la confidentialité et la subtilité et être convaincant par l'empathie.

Qui respectent les parties

Ce respect ne vise pas seulement les personnes engagées dans une négociation collective à différents titres. Il s'exprimera surtout par une excellente connaissance du dossier, de sa spécificité, de son exclusivité. Ainsi, conciliateurs et médiateurs auront d'autant plus de succès qu'ils connaissent la nature et les contraintes de l'entreprise et du syndicat engagés dans la négociation, le marché du produit, l'histoire des relations entre les parties, etc.

Le respect aidera alors le conciliateur et le médiateur à bien cerner la nature des problèmes et à amener un consensus sur leur formulation claire. Il sera ainsi mieux placé pour dessiner des solutions possibles et, surtout, pour en mesurer les conséquences.

Qui savent se créer un pouvoir de négociation

A priori, le conciliateur et, peut-être à un niveau moindre, le médiateur n'ont pas de pouvoir de négociation. Leur rôle est assimilable à celui d'un conseiller matrimonial. Ils sont des agents de facilitation et non de décision, rappelons-le.

Cependant un conciliateur ou un médiateur devra savoir se bâtir un pouvoir de négociation qui lui facilitera évidemment la tâche. Cela sera d'abord possible de par la personnalité, l'expérience, la réputation et la crédibilité de ce tiers intervenant. Ensuite, ce pouvoir de négociation s'accroîtra si les parties acceptent que le conciliateur ou le médiateur fasse des recommandations et qu'il puisse, s'il le décide, les rendre publiques. Tout devient alors une question d'approche.

Qui se concentrent sur les problèmes existants

La négociation collective n'existe pas pour régler des problèmes hypothétiques ou futurs. Ce n'est pas son rôle. Le conciliateur ou le médiateur efficace vérifie si les problèmes que les parties lui présentent sont réels et compris de la même façon par les deux parties. Il écartera les problèmes hypothétiques.

En voulant sauver la face de chacune des parties

Dans toute négociation, il est normal et humain que chaque partie concernée veuille au moins avoir et donner l'impression d'avoir gagné quelque chose. Personne ne veut conclure une négociation en s'affichant comme perdant. Ce n'est pas nécessairement d'être gagnant qui est important, c'est plutôt de donner au moins l'impression, l'image de ne pas être perdant.

Cela est encore plus vrai lorsqu'une négociation collective se déroule en présence d'un tiers intervenant. Au-delà des problèmes de contenu, cet intervenant devra être préoccupé de sauver l'image de chacune des deux parties. Et cela est souvent plus difficile à réaliser que d'atteindre l'entente.

Ainsi, le conciliateur ou le médiateur sera souvent appelé à être le bouc émissaire, l'amortisseur de choc. Il s'oubliera, s'effacera, restera obstinément privé au profit des parties qui récolteront seules les mérites de l'entente. D'ailleurs, a-t-on déjà vu une sortie d'un conciliateur ou d'un médiateur dans les médias ? La réponse est évidemment négative.

Et qui connaissent très bien la législation du travail et la jurisprudence applicables

Cela peut sembler une évidence. Cependant, cette exigence implique le suivi continu des tendances législatives, réglementaires et jurisprudentielles. Cette formation devient d'autant plus nécessaire que le tiers intervenant est appelé à faire des recommandations, à écrire des textes qui pourront éventuellement être inclus à la convention collective.

Ces exigences de base se concrétisent dans une pratique fort variée dont le déroulement dépend essentiellement du tiers intervenant.

Le déroulement

La conciliation et la médiation peuvent intervenir à toute phase de la négociation et son déroulement est à toutes fins utiles non réglementé (Ross, 1990). Ces interventions sont généralement le fait d'une seule personne. Cela ne veut pas dire qu'il n'existe pas d'autres formules, au contraire. Il arrive que l'on recoure à trois personnes, ce que l'on dénomme conseil de conciliation ou de médiation composé généralement d'un représentant patronal, d'un représentant syndical et d'une personne neutre. On voit également certains dossiers confiés à deux personnes. Il reste cependant que la formule la plus répandue est celle d'une seule personne, car elle est plus flexible. Et il est plus facile d'avoir confiance en une seule personne qu'en plusieurs.

Il n'y a pas de règles fixes et immuables concernant le déroulement d'une conciliation ou d'une médiation. Les manières de faire varient énormément en fonction des caractéristiques de chaque dossier et de la personnalité du conciliateur ou du médiateur. Cependant, certaines tendances générales méritent d'être retenues.

La première étape que passera le conciliateur ou le médiateur, lorsqu'il est saisi du dossier, sera de se documenter. Nous l'avons déjà mentionné parmi les exigences de base. Il rencontrera ensuite les parties pour prendre le pouls de la négociation en cours en permettant à chacune de donner sa version des points en litige. C'est une étape importante puisque l'intervenant, dès ce stade, établit les ponts de communication et bâtit le solage de la confiance. Plusieurs conciliateurs et médiateurs s'attablent ensuite avec les parties pour écrire un plan de travail qui, souvent, pourra contenir un échéancier. On regroupe alors les points en litige en blocs (par exemple, un bloc congé, un bloc assurances, etc.) et on les situe dans l'échéancier en commençant par ceux qui semblent les moins difficiles et en terminant par les plus difficiles. Une telle façon de procéder a l'avantage de savoir où l'on va et d'apprendre à travailler avec le conciliateur ou le médiateur avant d'aborder les points plus difficiles. En cours d'application du plan de travail et selon les caractéristiques du dossier et la personnalité du conciliateur ou du médiateur, celui-ci optera pour travailler avec les deux parties ensemble ou séparément (*ex parte*), pour présenter un ou des documents de travail offrant des avenues de solution ou des recommandations et pour utiliser le facteur temps de façon à maximiser l'efficacité de l'entonnoir de l'entente.

Par ce travail, le conciliateur ou le médiateur cherchera la zone de contrat réelle entre les deux parties et pourra, selon les circonstances, être passif, c'est-à-dire neutre et accommodant, ou actif, exposant solutions et recommandations.

Ce qui précède n'est certes pas une règle. Rappelons-le, le choix de la méthode de travail dépend du conciliateur ou du médiateur, de la nature du dossier et des parties elles-mêmes.

Une note supplémentaire sur la médiation

Depuis un certain temps, la médiation a connu une popularité croissante. Active et efficace comme méthode facilitante de résolutions de conflits, la médiation est, historiquement, intervenue chez nous dans des différends révélant une certaine importance sur le plan économique, social ou politique (Ross, 1990).

La médiation a également débordé son mandat initial par deux initiatives fort heureuses : la médiation préventive et la médiation préarbitrale des griefs.

Désilets et L'Écuyer (1990) définissent la médiation préventive comme étant un mode d'intervention par lequel un tiers prête assistance aux parties qui le désirent, afin de les aider à améliorer les relations du travail dans leur entreprise par le règlement volontaire des problèmes de fonctionnement quotidien des opérations. L'objet ici n'est donc pas la négociation collective comme telle, mais plutôt les problèmes inhérents à l'organisation de la production, à la gestion des ressources humaines et aux interrelations entre les divers groupes d'employés, tels qu'ils sont quotidiennement vécus par tous ceux qui concourent au fonctionnement de l'entreprise.

Donc, l'intervention de médiation préventive se fait pendant la durée de la convention collective et, plus précisément, en dehors de la période consacrée à la préparation et au déroulement de la négociation collective (Dulude, 1986).

La médiation préarbitrale des griefs est une autre traduction pratique de l'intérêt manifesté envers la médiation. Il s'agit ici essentiellement de l'intervention d'un tiers neutre qui vise à aider les parties à régler leurs griefs avant qu'ils ne soient référés à l'arbitrage. Constituant alors une intervention à l'occasion d'un conflit de droit, ce sujet dépasse le cadre du présent ouvrage. Nous ne l'avons mentionné que comme autre exemple d'application de la médiation (sur ce sujet, voir Pepin, 1983 ; Foisy, 1986 ; Goldberg et Brett, 1982 ; Désilets et L'Écuyer, 1990).

Conclusion

Tout le processus des interventions aidantes et facilitantes que sont la conciliation et la médiation repose sur le respect d'un des principes fondamentaux de notre système de négociation collective et que nous avons présenté au chapitre 2 : la liberté des parties quant à l'existence et quant au contenu de leur convention collective. La conciliation et la médiation ne constituent nullement un substitut à la négociation collective, mais plutôt un complément à celle-ci (Ross, 1990).

Tournons-nous maintenant vers un véritable substitut à la négociation collective : l'arbitrage des différends.

UN SUBSTITUT À LA NÉGOCIATION COLLECTIVE : L'ARBITRAGE DES DIFFÉRENDS

Ce qui caractérise essentiellement l'arbitrage de différends est le fait que c'est un tiers, extérieur aux parties, qui sera ultimement et fondamen-

Graphique 5

L'ARBRE DE L'ARBITRAGE DES DIFFÉRENDS

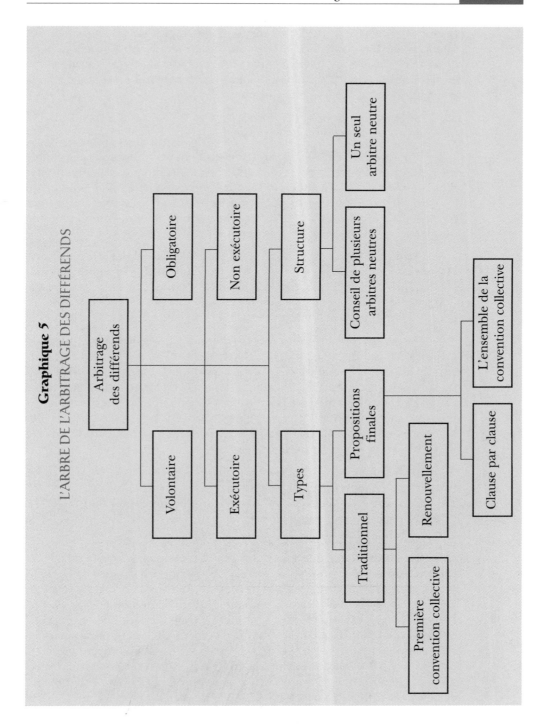

talement responsable de la formulation des règles de gouvernance des relations patronales-syndicales pour un certain temps. En somme, ce tiers, l'arbitre de différends, devient le décideur des conditions de travail en lieu et place des parties. C'est cette personne qui écrira en tout ou en partie la convention collective à la place des parties.

Le graphique 5 présente l'arbre de l'arbitrage des différends. Expliquons-le en commençant par le sommet.

Notons que l'arbitrage des différends peut être volontaire ou obligatoire. Il sera volontaire, c'est-à-dire à la discrétion unique et conjointe des deux parties (à la fois) à la négociation collective, lorsque celles-ci jouissent du droit de grève ou de lock-out et sans que celles-ci y soient contraintes par la loi (*Code du travail*, art. 72-93). Notons que cette décision conjointe des parties de recourir à cet arbitrage les lie.

Quoique cette possibilité soit ouverte à la majorité des parties soumises au *Code du travail*, le recours à cette procédure est rare, comme en font foi les chiffres cités à cet égard en début de chapitre. Dans la très grande majorité des cas, pour ne pas dire la presque totalité, les parties préfèrent gérer elles-mêmes leurs affaires et évitent le recours à ce processus.

L'arbitrage de différends sera obligatoire essentiellement pour ces groupes de salariés qui n'ont pas le droit de grève. Ce sera, par exemple, le cas des policiers, des pompiers (*Code du travail*, art. 94-99.11) et des agents de la paix (constables spéciaux, agents correctionnels et agents de conservation de la faune). Une telle restriction reflète la perception par le législateur qu'une grève dans ces secteurs causerait des problèmes et des inconvénients au public (Rose, 2000). Alors l'arbitrage obligatoire des différends sert de substitut au droit de grève.

Règle générale, l'arbitrage des différends, qu'il soit volontaire ou obligatoire, lie les parties, c'est-à-dire que celles-ci doivent exécuter les termes de la sentence arbitrale qui tient lieu alors de convention collective pour ces parties (*Code du travail*, art. 93) pour une durée d'au moins un an et d'au plus deux ans (*Code du travail*, art. 92).

Il y a cependant une exception qui vise ces salariés qui n'ont pas le droit de grève, donc qui sont soumis à l'arbitrage obligatoire des différends, et dont l'employeur est l'État. Dans ces circonstances, la sentence de l'arbitre constitue alors une recommandation au lieutenant-gouverneur en conseil, au gouvernement qui a discrétion à son égard. Si une telle recommandation est approuvée, elle doit faire l'objet d'un décret pour avoir l'effet d'une convention collective signée par les parties. On dira alors de cette exception qu'il s'agit d'un arbitrage obligatoire de différends non exécutoire, régime applicable, par exemple, aux policiers de la Sûreté du Québec et aux agents de la paix. La raison de cette exception est simple : l'État étant souverain dans ses domaines de compétence, il ne saurait être lié par un arbitre.

La structure de l'arbitrage des différends

Nous abordons ici la composition du mécanisme qu'est l'arbitrage de différends. Nous devons noter que l'arbitre de différends est toujours nommé par le ministre du Travail puisque seul ce dernier peut déférer un différend à l'arbitrage (*Code du travail*, art. 74, 75) après demande écrite à cet effet par les parties.

Qui alors pourra agir comme arbitre ?

D'abord, ce sera une personne qui n'a aucun intérêt dans le différend (*Code du travail*, art. 76). Ensuite, si les parties s'entendent sur le choix de l'arbitre, le ministre nommera cette personne. À défaut d'entente, le ministre nommera un arbitre d'office à partir de la liste dressée annuellement par le Conseil consultatif du travail et de la main-d'œuvre (*Code du travail*, art. 77).

Une fois nommé, l'arbitre procède à l'arbitrage avec deux assesseurs ou conseillers, l'un patronal et l'autre syndical, à moins d'entente au contraire, c'est-à-dire si les parties préfèrent ne pas désigner de tel assesseurs (*Code du travail*, art. 78). L'assesseur a une double fonction : il représente sa partie pendant le processus et il aide l'arbitre tant pendant l'audition que lors du délibéré. Il paraît certes préférable, pour des raisons de prudence, de procéder à un arbitrage de différends avec assesseurs. La spécificité de chaque cas et le caractère technique propre à chaque situation justifient cette prudence. Cependant, il faut noter qu'il arrive que l'arbitre de différends agisse seul. Cela n'est cependant pas le courant majoritaire.

L'arbitre, accompagné des deux assesseurs, procède en toute diligence à l'instruction du différend selon la procédure et le mode de preuve qu'il juge appropriés (*Code du travail*, art. 81) lors de séances publiques, bien qu'il puisse ordonner le huis clos (*Code du travail*, art. 82). Cette dernière éventualité est cependant rare. Dans l'exercice de ses fonctions, l'arbitre, malgré la présence des assesseurs, est le seul à pouvoir prendre et rendre des décisions. Il a alors tous les pouvoirs d'un juge de la Cour supérieure, mais ne peut pas imposer l'emprisonnement (*Code du travail*, art. 83).

L'arbitre est tenu de rendre sentence selon l'équité et la bonne conscience. Pour ce faire, il peut tenir compte entre autres des conditions de travail vécues dans des entreprises semblables ou dans des circonstances similaires ainsi que des conditions de travail applicables aux autres salariés de l'entreprise (*Code du travail*, art. 79). Il ne faut pas nécessairement voir ces balises comparatives comme des critères de décision (sauf pour les policiers et pompiers au Québec). D'abord parce qu'elles sont présentées à titre indicatif et ensuite parce qu'elles sont loin d'être exhaustives. Les travaux de Rose (2000) permettent de jauger la valeur relative de ces critères.

La sentence arbitrale doit être motivée, rendue par écrit et signée par l'arbitre seul (*Code du travail*, art. 88). Cette sentence a l'effet d'une convention collective signée par les parties et les lie pour une durée d'au moins un an et d'au plus trois ans. Les parties peuvent cependant convenir d'en modifier le contenu en partie ou en tout (*Code du travail*, art. 92, 93).

Donc, en termes de structure, il existe généralement deux possibilités en arbitrage de différends : un arbitre seul ou un arbitre accompagné d'assesseurs. Dans ces deux cas, l'arbitre est le seul agent décideur. Une autre possibilité existe, le plus souvent pour des structures exceptionnelles : celle d'un conseil de plusieurs arbitres neutres. Ces conseils sont généralement composés d'un nombre impair d'arbitres neutres, le plus souvent trois ou cinq. Ce fut le cas, par exemple, lors de l'arbitrage de la première convention collective du secteur résidentiel de l'industrie de la construction au Québec en 1998 et 1999.

Les types d'arbitrage des différends

Diverses approches sont utilisées en arbitrage des différends. On les retrouve sous deux grands types : l'arbitrage usuel des différends et l'arbitrage des propositions finales. Examinons-les successivement.

L'arbitrage usuel des différends

L'arbitrage usuel des différends vise deux situations : la première convention collective et le renouvellement d'une convention collective. Quant à cette dernière situation, nous l'avons déjà couverte en présentant la structure de l'arbitrage de différends dans les pages précédentes. Il y a donc lieu de s'arrêter plus particulièrement à l'arbitrage de la première convention collective.

L'arbitrage de la première convention collective est une invention canadienne. En effet, ce type de recours est né en Colombie-Britannique en 1972 et fut introduit dans le *Code du travail* du Québec à la fin de l'année 1977. Ce mécanisme est donc utilisé au Québec depuis 1978.

L'initiateur de ce type de recours n'y voit aucunement une menace aux principes fondamentaux de notre système de libre négociation collective (Weiler, 1980). C'est une immixtion exceptionnelle qui cherche essentiellement à protéger l'intégrité du droit d'association et son corollaire, le droit de négocier une convention collective, ici une première convention collective. Ce mécanisme veut donc contrer ces difficiles conflits de reconnaissance syndicale survenant, occasionnellement, après une première accréditation et à l'occasion de la négociation d'une première convention collective. Weiler (1980) présente le fondement de ce type d'intervention de la façon suivante :

> The law does have to be concerned about a different first-contract history, one which poses a major threat to the integrity of the statutory representation scheme. There are stubbornly anti-union employers who, in spite of the certification, refuse to accept the right of their employees to engage in collective bargaining. They simply decide to fight the battle on a different front, to go through the motions of negotiations and to try to talk the union's bargaining authority to an early demise.

Il s'agit donc d'une intervention ponctuelle exercée dans le cas où l'intégrité de la loi elle-même est menacée par des difficultés d'application des mécanismes de représentation qui y sont prévus. C'est donc dire que l'arbitrage d'une première convention collective a été pensé et mis sur pied surtout pour régler des conflits de reconnaissance syndicale et pour permettre aux parties de s'habituer à transiger entre elles.

En somme, il s'agit ici d'une intervention dans le mécanisme de la libre négociation collective lorsque le conflit est tel que les parties laissées à elles-mêmes ne pourraient pas s'en sortir, menaçant ainsi leur survie respective et que la guerre économique (grève ou lock-out) ne constitue pas un outil utile pour conclure une convention collective.

L'objectif de ce type d'arbitrage vise à imposer aux parties concernées une convention collective d'une certaine durée et ainsi à mettre fin à un différend et provoquer une certaine stabilité pendant quelque temps. Pour caricaturer cette intervention, Weiler (1980) parle de mariage à l'essai qu'on pourrait qualifier de mariage forcé. D'autres ont même parlé d'opération de transplantation pour qualifier ce mécanisme.

La tentation pourrait cependant être grande pour une partie, patronale ou syndicale, de tenter de recourir stratégiquement à cet arbitrage de première convention collective si leur pouvoir de négociation est faible. Elle tenterait alors de mieux atteindre ses objectifs que si elle était laissée à elle-même dans un libre processus de négociation collective. Utiliser l'arbitrage de première convention collective à d'autres fins que la solution de conflits de reconnaissance syndicale serait, à plusieurs égards, disfonctionnel par rapport à l'esprit de notre régime de relations du travail. Il existe cependant une exception à ce qui précède. Il arrive que les parties à la négociation d'une première convention collective demandent, ensemble et volontairement, de pouvoir avoir recours à ce mécanisme. L'aspect disfonctionnel est alors moins prononcé.

Ce mécanisme exceptionnel qu'est l'arbitrage de première convention collective est encadré par le *Code du travail*, aux articles 93.1 à 93.9.

Dans son fonctionnement, ce mécanisme ressemble beaucoup à celui de l'arbitrage volontaire des différends. Insistons sur les différences.

Contrairement à l'arbitrage volontaire des différends, la demande au ministre du Travail pour l'arbitrage d'une première convention collective doit avoir été précédée de l'intervention infructueuse d'un conciliateur (*Code du travail*, art. 93.1) et elle peut être soumise par écrit par une seule des deux parties (*Code du travail*, art. 93.1 et 93.2). Sur réception d'une telle demande, le ministre peut nommer un arbitre pour tenter de régler le différend (*Code du travail*, art. 93.3).

Cela a deux implications.

D'abord, il appartient à la discrétion du ministre d'accueillir une telle requête, d'autant plus qu'elle peut n'être formulée que par une seule des deux parties au différend. Et la loi ne prévoit aucun critère pour encadrer l'exercice de cette discrétion. Ensuite, le ministre qui accepte cette requête charge alors un arbitre de tenter de régler le différend. En clair, cela signifie que l'arbitre ainsi désigné doit d'abord agir comme médiateur. Comme on le verra ci-après, ce médiateur-arbitre jouit d'un grand pouvoir.

L'article 93.4 du *Code du travail* caractérise bien, quant à nous, le fonctionnement de l'arbitrage d'une première convention collective. Rappelons cet article : « L'arbitre doit décider de déterminer le contenu de la première convention collective lorsqu'il est d'avis qu'il est improbable que les parties puissent en arriver à la conclusion de la convention collective dans un délai raisonnable. Il informe alors les parties et le ministre de sa décision. »

Nous comprenons alors encore mieux que l'arbitre désigné en vertu de cet article agit d'abord comme un médiateur qui peut, de sa propre discrétion, décider de se transformer en arbitre. Cette possibilité accroît de beaucoup son pouvoir de négociation comme médiateur.

Le résultat pratique de cette disposition, après plus de vingt ans d'expérience, est que plusieurs différends confiés à ce processus se règlent en tout ou en grande partie au stade de la médiation. C'est là une preuve du bon fonctionnement de ce mécanisme.

Finalement, s'il y a grève ou lock-out au moment où l'arbitre informe les parties qu'il a décidé de déterminer le contenu de la convention collective, elle ou il doit prendre fin.

Ces seules dispositions du *Code du travail* confèrent un caractère exceptionnel et unique à ce type d'arbitrage de différends.

Le recours à ce type d'arbitrage n'est certes pas légion : selon le rapport annuel 1999-2000 du ministère du Travail du Québec (2000), 41 requêtes furent reçues en 1998-1999, 26 furent accueillies, 13 rejetées et 7 étaient en attente. En 1999-2000, encore 41 requêtes furent reçues, 18 furent acceptées, 16 refusées et 14 étaient en attente.

L'utilité de ce mécanisme s'est avérée constante et a souvent permis de bien s'accommoder de ce mariage de raison (Sexton, 1987). Son succès semble avoir été fonction de la capacité réelle des arbitres désignés de remplir efficacement leur double rôle de médiateur d'abord et d'arbitre ensuite, lorsque c'était nécessaire.

L'arbitrage des propositions finales

Ce type d'arbitrage, proposé par Stevens en 1966, a déjà été utilisé chez nos voisins américains, surtout chez les policiers. Il a agacé et tenté plusieurs observateurs et administrateurs des relations du travail au Québec. C'est presque devenu une mode, un *politically correct*.

Cependant, il n'est pas sûr qu'il n'existe pas une grande confusion dans la compréhension des différences entre l'arbitrage usuel des différends et l'arbitrage des propositions finales (*final offer selection*). Dans le cas de l'arbitrage usuel, l'arbitre a une grande marge de manœuvre. Il peut tendre vers l'une ou l'autre position des parties, comme il peut dessiner un compromis de son cru. Dans l'arbitrage des propositions finales, cette marge de manœuvre n'existe simplement pas. Il doit choisir la proposition patronale ou la proposition syndicale. Les situations de compromis sont ici absentes.

Il existe deux types d'arbitrages des propositions finales. Le premier adopte une approche globale. L'arbitre doit alors choisir entre le projet de convention collective de l'employeur et celui de syndicat. L'autre type aborde ce choix par l'arbitre, entre les positions patronale et syndicale, clause par clause. C'est cette approche que le législateur québécois a retenu comme option possible aux parties dans l'industrie québécoise de la construction (*Loi sur les relations du travail, la gestion de la main-d'œuvre et la formation professionnelle dans l'industrie de la construction*, art. 45.2, al. 4).

Vu sous l'aspect dynamique des relations du travail, cet arbitrage des propositions finales comporte des difficultés et des dangers sérieux. D'abord, telle approche de tout l'un ou tout l'autre peut facilement devenir incompatible avec le devoir d'équité et de bonne conscience auquel l'arbitre de différends est soumis. Ensuite, les parties ne seront pas plus avancées si elles forcent l'arbitre à choisir entre deux positions incongrues. Elles devront vivre avec l'une d'elles par la suite. De plus, et c'est humain, le perdant d'un tel exercice s'attendra à être le gagnant du suivant. Finalement, et cela est vrai surtout dans l'approche clause par clause, la cohésion et la logique internes de la convention collective ne sont certes pas assurées.

L'arbitrage des propositions finales peut facilement devenir un mirage. Et il est probablement un des pires substituts à la négociation collective.

En résumé

L'arbitrage des différends est donc un substitut à la négociation collective. En ce sens alors, il s'agit d'un mécanisme disfonctionnel en regard de l'esprit même de notre système de relations du travail. En certaines circonstances, les parties peuvent cependant volontairement choisir d'y recourir. En d'autres, c'est le législateur qui l'impose à certains groupes pour éviter des désagréments au public.

Mais il faut comprendre que l'arbitrage des différends est un mécanisme de solution de problèmes à court terme. À moyen et à long terme, on reviendra inévitablement à l'approche générale qu'ont les parties de leurs relations du travail, les parties ne pouvant pas vivre indéfiniment en confiant leurs différends à un tiers pour décision finale et sans appel.

Ce qui précède est encore plus vrai pour l'arbitrage des propositions finales quelle qu'en soit la forme. En effet, sous ce mécanisme, l'arbitre n'est pas le seul à perdre toute marge de manœuvre et d'imagination dans la recherche d'une solution réaliste dans les circonstances. Les parties aussi sont appelées, chacune de son côté, à s'enfermer dans le corset d'une position donnée qu'elles offriront à l'arbitre. Tous les caractères propres à la négociation collective disparaissent alors. Ainsi la qualité de la vie qui s'ensuivra dans l'entreprise est loin d'être assurée.

Si l'arbitrage des différends peut être un mal nécessaire à court terme en certaines circonstances, il ne peut pas être une solution viable et constructive à moyen et long terme dans notre régime de relations du travail.

CONCLUSION

L'intervention de tiers dans la négociation entre humains existe depuis aussi longtemps que les hommes négocient. À cet égard, on fait souvent référence au jugement de Salomon, ce roi d'Israël réputé pour sa sagesse qui, devant le litige entre deux femmes prétendant à la maternité d'un même enfant, ordonne qu'on coupe celui-ci en deux. Voyant qu'une des deux femmes renonce à cette maternité, il la reconnaît comme la vraie mère et lui confie l'enfant. Salomon n'a pas agi comme arbitre, mais comme médiateur d'ailleurs fort efficace.

La présence de tiers dans le processus de négociation est donc courant et même un corollaire de ce processus dans la mesure où les parties en cause doivent, pour une raison ou pour une autre, trouver solution à leur différend.

Le domaine du travail n'est pas exempt de telles interventions et encore moins le domaine de la négociation collective. Dans un contexte d'interdépendance et de divergence d'objectifs, les parties à la négociation pourront, et quelquefois devront, recourir à une aide facilitante, la conciliation ou la médiation, ou simplement abandonner leur sort à un tiers qui décidera pour elles la façon de résoudre, en tout ou en partie, leur différend.

Le rôle des tiers facilitant en négociation collective (conciliateur, médiateur) variera selon l'approche qu'ont les parties d'une telle négociation. Elle sera différente selon qu'elle est plus ou moins conflictuelle ou plus ou moins coopérative. Ainsi, la portée des recommandations d'un médiateur sera, toutes choses étant égales par ailleurs, plus grande dans la seconde approche que dans la première.

Certes, les parties peuvent ou doivent en certaines circonstances abandonner leur sort à la décision d'un tiers. Il n'en demeure pas moins que l'arbitrage de différends reste disfonctionnel dans notre régime de relations du travail.

Le recours à l'arbitrage des différends semble devenir d'autant plus fréquent que les parties elles-mêmes ou le public veulent éviter la grève (Kochan et Katz, 1988). L'évolution de la notion même de conflit vers des notions telles les tensions et les différends en négociation collective s'accompagne d'un élargissement et d'un enrichissement du rôle des tiers, surtout des tiers facilitants. Cela est d'autant plus vrai que les marchés s'élargissent, que la négociation collective devient coopérative et que la flexibilité s'impose. Cela se traduit par une plus grande participation de ces tiers qualifiés dans les comités patronaux-syndicaux, la consultation active sur différents points techniques précis et souvent difficiles (par exemple, l'organisation du travail, l'évaluation des tâches, la santé et la sécurité) ou dans l'élaboration de méthodes de résolution de problèmes de négociation collective à long terme.

Cela implique donc que ces tiers facilitants débordent, dans leur intervention, le cadre d'une médiation à court terme pour adopter une perspective beaucoup plus longue en travaillant d'abord sur les attitudes des parties. Ces tiers facilitants seront alors beaucoup plus spécialisés sur le fond des problèmes techniques que les parties veulent régler. Dans un tel contexte, la judiciarisation sera beaucoup moins présente et l'échange véritable d'information beaucoup plus nécessaire.

Le rôle des tiers facilitants s'élargit, mais doit demeurer au service des parties. Ce n'est pas en confiant tout le problème à un arbitre que les solutions à court, moyen et long terme seront optimales.

Un mauvais arrangement vaut mieux qu'un bon procès.

QUESTIONS

1. Pourquoi les parties à une négociation collective recourent-elles à des tiers pour régler leurs différends ?

2. Quelles différences existe-t-il entre la conciliation et la médiation ?

3. Présentez et expliquez l'arbre de l'arbitrage des différends.

4. Pourquoi les syndicats sont-ils généralement réticents à recourir à l'arbitrage volontaire de différends ?

5. Quels sont les avantages et les inconvénients de l'arbitrage des offres finales ?

6. Quelles sont les limites des différentes méthodes de résolution de conflit ?

LECTURES SUGGÉRÉES

- BLOUIN, Rodrigue (1976), « Y a-t-il encore place dans notre système de relations du travail pour l'arbitrage des différends ? », *Les Relations du travail au Québec : la dynamique du système*, dans Bernier, Jean *et al.* (dir.), Sainte-Foy, Les Presses de l'Université Laval, p. 97-119.

- DESCHÊNES, Pierre, Jean-Guy BERGERON, Reynald BOURQUE et André BRIAND (dir.) (1998), *Négociation en relations du travail : nouvelles approches*, Sainte-Foy, Presses de l'Université du Québec.

- ROSS, Claudette (1990), « La conciliation, un mode de règlement encore mal connu », dans Blouin, R. (dir.), *Vingt-cinq ans de pratique en relations industrielles au Québec*, Cowansville, Les Éditions Yvon Blais, p. 397-417.

- SEXTON, Jean (1987), « L'arbitrage de première convention collective : 1978-1984 », *Relations industrielles/Industrial Relations*, vol. 42, n° 2, p. 272-289.

- TOUZARD, Hubert (1977), *La Médiation et la résolution des conflits. Étude psychosociologique*, Paris, Presses universitaires de France.

CHAPITRE VIII

Négociation collective : défis et limites

*Dans les sociétés comme pour les hommes,
il n'y a pas de croissance sans défi.*

Jean-Jacques Servan-Schreiber

La négociation collective, comme institution, connaît des défis et des limites de par sa nature même et de par l'environnement, cela indépendamment des difficultés qui peuvent surgir lors du déroulement de ce processus. Ces défis et limites sont donc intrinsèques à la négociation collective et il faut en être très conscient avant d'aborder les aspects pratiques du déroulement de toute négociation collective.

Le présent chapitre s'arrête à ces défis et limites intrinsèques de cette institution qu'est la négociation collective. Un défi, rappelons-le, est un obstacle extérieur ou intérieur qui doit être surmonter pour assurer la survie ou l'évolution. La négociation collective doit constamment faire face à de tels défis compte tenu des environnements changeants. Une limite est ce point que ne peut ou ne doit pas dépasser une activité, une influence. La négociation collective, de par sa propre nature, en connaît plusieurs et elle en connaît plusieurs de façon intrinsèque avant même qu'on la traduise dans des actions concrètes.

Le présent chapitre s'arrête successivement à ces défis et à ces limites.

Cet exercice cependant comprend ses propres limites. D'abord, nulle question ici de prétendre au caractère exhaustif de la présentation qui suit. Nous nous arrêtons aux principaux défis et limites, espérant ici, dans notre effort initiatique, permettre de réaliser les grandes balises qui définissent le caractère réaliste de la nature même de la négociation collective.

Ensuite, le présent chapitre insiste sur ces défis et limites qui découlent de la nature même de la négociation collective et de ses principales composantes. Comme il n'est aucunement de notre objectif dans le présent ouvrage de traiter du déroulement même d'une négociation collective, il appert logique, de ne pas tenir compte, à ce stade-ci, des défis et limites que rencontre la négociation collective dans sa traduction pratique.

Voyons donc maintenant les principaux défis que connaît de façon intrinsèque la négociation collective.

LES PRINCIPAUX DÉFIS À LA NÉGOCIATION COLLECTIVE

Les principaux défis proviennent des conditions environnementales qui entourent, conditionnent la négociation collective et sont, en retour, influencées par elle. Cette dynamique d'interrelation est évidente. Nous l'avons déjà vu. Essentiellement, ces défis tiennent des contextes économique, démographique, politique, technologique et juridique, pour ne retenir que les principaux. Expliquons-les.

Le contexte économique

Dans le secteur privé, le contexte économique impose évidemment une série de défis sérieux à la négociation collective, tant d'ordre macroéconomique que microéconomique.

Malheureusement, on a souvent tendance à oublier la présence et l'importance des variables macroéconomiques sur la négociation collective. Certes, ces variables peuvent paraître bien lointaines de la réalité quotidienne. Mais ce n'est là qu'un mirage. Voyons certaines de ces variables.

Le taux de change

La valeur relative de notre dollar par rapport aux devises étrangères affecte directement le niveau de ventes et de production des biens et services. Un dollar plus fort fera le bonheur des exportateurs. L'inverse est aussi vrai. Ainsi les entreprises exportatrices en Beauce applaudiront à la force relative du dollar canadien par rapport au dollar américain plus faible. Par contre, les importateurs de composantes électroniques feront des cauchemars à l'idée d'un yen japonais trop fort.

Il semble donc que le taux de change représente une entrave importante à la marge de manœuvre des parties à l'occasion de la négociation collective.

Les taux d'intérêt

Dans la mesure où une hausse des taux d'intérêt va augmenter le coût du crédit, il y aura pression des travailleurs pour se protéger. C'est inévitable. À l'inverse, une tendance à la baisse de ces mêmes taux rendra les investissements moins intéressants. Dans un cas comme dans l'autre, le contexte de la négociation collective en sera affecté.

Le taux d'augmentation des prix

Un haut taux d'augmentation dans les prix (inflation) rendra la valeur réelle de l'argent de moins en moins intéressante. Les travailleurs chercheront inévitablement à se protéger contre ce fléau et les employeurs auront plus de misère à vendre leurs produits. Il y aura baisse de production et augmentation du chômage. On parlera alors d'indexation et de rattrapage.

Une baisse draconienne des prix rendra certes les employeurs nerveux, voyant alors fondre la valeur de leurs produits et services ainsi que de leurs inventaires. Il s'agit donc d'un défi sérieux pour la négociation collective.

Le taux d'emploi

Certes le taux d'emploi est une variable que l'on doit considérer sur le plan tant national, régional que local. Un faible taux d'emploi (haut taux de chômage) mettra des pressions sur une économie donnée. Mais, comme variable affectant la négociation collective, le taux d'emploi doit être vu dans le cadre des limites géographiques du marché du travail où s'inscrit une négociation collective. Les taux d'emploi locaux et régionaux et les taux d'emploi selon les niveaux de qualification deviendront d'autant plus importants que la mobilité géographique de la main-d'œuvre concernée ou possiblement concernée sera faible. En somme, de par cette variable, le taux de substitution de la main-d'œuvre directement mêlée à une négociation collective deviendra important. Plus ce taux sera petit, plus le degré de rareté de cette main-d'œuvre sera grand et inversement. Nous avons déjà vu l'influence d'une telle rareté sur le pouvoir de négociation.

Les politiques de prix et de revenus

La présence de politiques de prix et de revenus, obligatoires ou volontaires, limite sérieusement la marge de manœuvre des acteurs à une négociation collective. Rappelons-nous l'expérience canadienne de la loi anti-inflation durant les années 1970.

Il existe certes d'autres défis d'ordre macroéconomique à la négociation collective. Mentionnons simplement le niveau et le type de dépenses gouvernementales, la fiscalité des particuliers et des entreprises, la balance commerciale, le niveau de libre échange, etc. Nous devons rechercher et définir ces défis qui limitent ou encadrent la marge de manœuvre des parties à la négociation collective.

Sur le plan microéconomique, référons-nous à l'analyse que nous avons faite au chapitre 3 des facteurs financiers et des facteurs économiques influençant le pouvoir de négociation.

Les variables démographiques

La structure démographique de la population active d'une nation, d'une région, d'une localité, d'une industrie ou d'une entreprise affecte grandement la négociation collective et lui donne des allures différentes selon l'âge, le sexe, la race, l'éducation. Il en résulte des attentes et des attitudes différentes tant eu égard au travail que par rapport aux syndicats. La négociation collective en est donc grandement affectée.

Ainsi, nous reprenons ici l'hypothèse de Kochan et Katz (1988) selon laquelle plus le profil démographique de la main-d'œuvre change rapidement, plus syndicats et employeurs ont de la difficulté à s'adapter à tel changement.

Illustrons l'importance relative de ces variables démographiques. Une main-d'œuvre plus âgée n'a aucunement les mêmes attentes et les mêmes besoins et revendications qu'une main-d'œuvre plus jeune. Les premiers visent la protection de leur vieillissement par des améliorations à leur régime de retraite, par de meilleurs régimes d'assurance de tous ordres, par des vacances plus longues, par des régimes de préretraite. Les seconds, par contre, cherchent à tout monnayer, leur courbe de besoins étant à l'inverse de leur courbe de moyens.

La hausse du taux d'activité des femmes depuis la dernière guerre mondiale a imposé de grands défis à la négociation collective et aux relations du travail en général. La discrimination, l'égalité au travail, les horaires de travail, la garde d'enfants, les congés parentaux sont autant de sujets qui sont vite devenus à l'ordre du jour.

L'ethnicité est une autre variable « nouvelle » conduisant à repenser les sujets et les objets de la négociation collective. Culture, croyances religieuses, attitudes par rapport au travail et à l'autorité peuvent varier énormément d'un groupe ethnique à l'autre. À titre d'exemple, pensons à cette avionnerie de Lachine qui compte 52 nationalités dans son personnel. Il est clair que ce facteur d'ethnicité modifie l'approche traditionnelle à la négociation collective.

L'analyse de la négociation collective doit donc tenir compte des caractéristiques démographiques de la main-d'œuvre.

L'approche politique

Le niveau d'intervention de l'État dans une société donnée peut imposer de sérieux défis, tant positifs que négatifs, à la négociation collective.

L'État est certes gardien du bien commun. Mais l'orientation idéologique des gouvernements a une influence déterminante sur la négociation collective. Ainsi un État non interventionniste laissera les forces du marché déterminer les règles du jeu. Par contre, un État très interventionniste pourra influencer la force relative d'une partie par rapport à l'autre.

Rappelons que la reconnaissance syndicale par la loi et l'imposition de l'obligation de négocier a favorisé le syndicalisme et, partant, la négociation collective. Par contre, une intervention accrue de l'État dans les marchés du travail par l'instauration de filets sociaux visant la santé et la sécurité, les retraites, les normes du travail, etc., peut avoir une influence négative sur la syndicalisation puisque les syndicats sont alors perçus comme ayant moins à offrir. On comprend donc que les changements d'orientation des politiques publiques peuvent être déterminants pour l'étendue et la portée de la négociation collective. Et ces orientations tiennent surtout de l'idéologie dominante des gouvernements.

Certes, ces politiques publiques cherchent en principe à établir un équilibre entre les parties. Cependant, la nature politique de leur élaboration rend difficile l'opérationnalisation de cette recherche d'équilibre de pouvoir. Quel degré de liberté faut-il laisser aux parties ? Il y a ici nécessairement relations d'arbitrage entre cette liberté à laisser aux parties et l'instauration de filets sociaux. De plus, dans la gestion de ces relations d'arbitrage, nos gouvernements n'agissent pas seulement à titre de médiateur d'intérêts conflictuels ; ils sont eux-mêmes engagés dans le processus à titre d'employeur important.

L'existence simultanée d'objectifs conflictuels entraîne nécessairement des débats publics sur les relations d'arbitrage à établir et à trancher. Le résultat influencera la négociation collective.

L'environnement technologique

L'état de la technologie et les changements technologiques sont à l'origine du syndicalisme et de la négociation collective. C'est l'industrialisation. Et les changements technologiques continuent. Cet environnement technologique influence et apporte de sérieux défis à la négociation collective de plusieurs façons. Mais, d'abord et avant tout, c'est par ses effets sur l'organisation du travail que cet environnement technologique influence surtout la négociation collective. Alors que, traditionnellement, les changements technologiques créaient des conditions favorables à la syndicalisation par la cohésion des groupes qu'ils favorisaient et par le caractère routinier, répétitif et ennuyant des tâches à effectuer dans une approche tayloriste, l'arrivée de la puce électronique change la donne.

En effet, avec la technologie microélectronique, on passe de la production de masse à la spécialisation flexible pour reprendre l'expression de Piore et Sabel (1984). S'ensuit alors l'explosion de l'organisation traditionnelle du travail, entraînant avec elle les effets que la précarité, la flexibilité, l'isolement (travail à la maison-télétravail) imposent à la négociation collective dans un contexte de marchés de plus en plus instables, volatils, voire virtuels.

Les changements technologiques ont toujours été perçus par les travailleurs comme une menace à leur sécurité d'emploi. L'ère de la puce non seulement continue de constituer une telle menace en termes quantitatifs mais s'y ajoute l'aspect qualitatif par la déqualification des emplois qu'elle entraîne. En causant inévitablement une altération sérieuse du nécessaire équilibre entre les deux parties, la négociation collective s'en trouve affectée.

Il y a, depuis longtemps, des discussions au sujet de l'effet de ces changements technologiques sur l'emploi. Ces discussions se sont longtemps bornées à l'aspect quantitatif du travail. Et la discussion n'est pas terminée, surtout eu égard aux effets de la nouvelle technologie sur la négociation collective. C'est à suivre.

Le régime juridique

Établissons d'abord que le régime juridique en vigueur à un moment donné dans une juridiction donnée dépend, pour son maintien et son évolution, de l'idéologie politique du ou des gouvernements au pouvoir. Nous ne reprendrons pas ici ce qui fut traité précédemment au sujet de l'approche politique.

Le régime juridique en vigueur constitue un défi important à la négociation collective. Un régime libéral par rapport à l'étendue, à la portée et à la défense de la négociation collective sera un atout. Un régime plus conservateur, cependant, restreindra sérieusement la négociation collective dans l'atteinte de ses objectifs propres : définition étroite de la notion de salarié, définition étroite d'unités de négociation, accréditation lente et difficile, non-interventionnisme total dans le processus même de la négociation, accès difficile au droit de grève, utilisation élargie des tribunaux, etc., sont autant de contraintes à la négociation collective.

Il faut aussi prendre en considération les chartes des droits et libertés (*Charte canadienne des lois et libertés*, entrée en vigueur le 17 avril 1982 et *Charte des droits et libertés de la personne du Québec*, entrée en vigueur le 28 juin 1976). Elles occupent une place prépondérante et peuvent constituer un défi ultime à la négociation collective si tant est que les tribunaux concluent que les règles de droit entourant le cadre général de la négociation collective sont incompatibles avec les droits et libertés qui y sont prévus (Barré, 1988). Les répercussions de ces chartes sont donc potentiellement énormes.

La négociation collective est une institution qui vit dans un environnement qui lui impose un certain nombre de défis et la négociation collective influence à son tour cet environnement. C'est son rôle régulateur (chapitre 2). Mais les contraintes qu'elle subit sont importantes en ce qu'elles peuvent restreindre sérieusement son étendue, sa portée et l'atteinte de ses objectifs.

Outre ces défis, la négociation collective comporte un certain nombre de limites intrinsèques.

LES LIMITES DE LA NÉGOCIATION COLLECTIVE

De par sa propre nature, la négociation collective connaît plusieurs limites. Examinons les principales.

L'étendue et la portée de la négociation collective

La négociation collective, dans son étendue et dans sa portée, est fonction d'une variable principale : le degré de pénétration syndicale. Il faut être syndiqué pour avoir accès à la négociation collective. Certes, la négociation collective peut produire des effets sur les non-syndiqués. Mais ces effets seront d'autant plus faibles que le taux de syndicalisation est bas. Et pour être syndiqué, il faut être salarié au sens du *Code du travail*. Dans ce contexte, il n'est aucunement surprenant de voir les centrales syndicales québécoises faire des représentations pour que le législateur modifie, pour l'étendre, la notion de salarié. Et de telles représentations politiques auront d'autant moins de poids que le taux de syndicalisation est faible.

Droits de gérance et droits résiduaires

En l'absence de syndicat et de négociation collective, l'employeur demeure seul maître à bord. Il n'est limité que par les forces du marché et par les restrictions que lui impose la loi. Avec l'arrivée d'un syndicat et l'élargissement de la portée de la négociation collective, plusieurs des prérogatives traditionnelles de la direction deviennent négociables et sont ainsi soustraites à la discrétion totale de l'employeur. Cela nous l'avons vu.

Mais attention, il ne faut pas voir l'arrivée de la négociation collective dans une entreprise comme la disparition des droits de gérance, loin de là.

Par la négociation collective, le syndicat tente de gruger dans les droits de gérance. Son succès dépend de l'application pratique de la trilogie de la négociation (pouvoir de négociation, structures de négociation, stratégies et tactiques). Mais elle ne réussit jamais à avaler tous ces droits. Et c'est là une limite importante qu'il faut connaître.

Dans notre système de relations du travail, le syndicat est condamné à jouer éternellement le rôle de parti d'opposition dans l'entreprise. Deux facteurs pourront cependant aider le syndicat dans son rôle d'opposition : d'abord, l'employeur devra exercer tous ses droits en respectant les règles prévues par la convention collective. Il ne pourra pas alors modifier unilatéralement ou faire fi des règles entendues lors de la négociation collective. Ensuite, même pour ces droits non touchés par la négociation et la convention collective, ce qu'on appelle les droits résiduaires, l'employeur est limité dans leur exercice en ce qu'il doit agir de façon non discriminatoire, non abusive et juste.

La négociation collective ne fait donc pas disparaître tous les droits de gérance, ceux-ci découlant du droit de propriété. Cela devient d'une importance capitale, surtout lorsqu'il s'agit de la survie même de l'entreprise.

Une protection limitée

Les travailleurs se syndiquent essentiellement pour se protéger d'abord et, ensuite, pour améliorer leurs conditions de vie au travail. Leur véhicule privilégié est alors la négociation collective.

Or la négociation collective s'est avérée incapable de les protéger contre le pire danger : la disparition de l'entreprise et, par conséquent, de leurs emplois (Laflamme, 1974). Cette incapacité, et même impuissance, se réalise lors de la fermeture totale ou partielle d'entreprise et lors de restructurations où, souvent, on n'aura réussi qu'à négocier, au mieux des préavis, des indemnités ou des prestations supplémentaires d'assurance-emploi.

Les travailleurs doivent alors, dans leur recherche de protection, se tourner vers les mesures complémentaires prévues par l'État (*Loi sur les normes du travail*, *Loi sur la formation et la qualification professionnelles de la main-d'œuvre*, *Code civil du Québec*, etc.). Or, ces mesures ne constituent pas des garanties de réemploi et de sécurité économique pour les travailleurs (Laflamme, 1975).

Les changements technologiques

Que d'encre a coulé sur ce sujet. Ici, nous l'examinons que du seul angle des limites à la négociation collective tant face aux changements eux-mêmes que face aux licenciements, souvent collectifs, qui en découlent.

L'initiative de ces changements appartenant à l'employeur, vu ses droits de gérance dans un contexte où celui-ci doit survivre dans la concurrence et dans le contexte de projets de conquête de marchés, le syndicat demeure largement impuissant tant pour ce qui est de la décision d'introduire de tels changements que pour leur implantation et leurs conséquences.

Un tel sujet devient, pour les employeurs, une prérogative absolue non sujette à la négociation collective. On acceptera cependant de négocier à l'occasion certaines mesures d'adaptation de la main-d'œuvre. Le syndicat et, partant, la négociation collective ont énormément de difficultés à jouer avec efficacité leur rôle de défenseur des droits des travailleurs lorsque surviennent les changements (Laflamme, 1974).

La création d'emploi

La négociation collective ne crée pas d'emploi et ce n'est pas dans ses objectifs de ce faire. Certains ont prétendu que le travail partagé, établi par la négociation collective, créait de l'emploi. Tel n'est pas le cas, car il s'agit essentiellement d'une redistribution d'un même nombre d'heures de travail à plus de personnes.

Les difficultés de l'information

On dit souvent que l'information est source de pouvoir. Cela est éminemment vrai en négociation collective : information sur la santé financière réelle de l'autre partie, information sur l'état des marchés, information sur les projets, etc.

Vu la caractéristique essentielle des marchés, la concurrence, et vu la méfiance naturelle des employeurs lors d'une négociation collective, l'échange d'informations réelles devient souvent une denrée rare. Dans un tel contexte, la participation démocratique des travailleurs à la détermination de leurs conditions de travail devient rapidement très aléatoire.

Cette question de l'information se concrétisera cependant différemment selon l'approche adoptée par les parties à la négociation collective. Une approche conflictuelle rend l'information rare et traduit réellement la négociation collective en un pur rapport de force. Une approche coopérative favorise pour sa part, des échanges d'information. L'expérience du Fonds de solidarité des travailleurs et des travailleuses du Québec est instructive à ce sujet.

CONCLUSION

La négociation collective ne peut pas tout faire et n'est aucunement une panacée aux problèmes vécus en milieu de travail. Elle connaît des défis et des limites qui peuvent devenir à ce point sérieux que l'atteinte de ses objectifs fonctionnels, économiques et sociaux pourra être fortement compromise. Et ces défis et limites à la négociation collective dépendent autant de l'environnement que de la nature même de ce processus.

Au chapitre des défis, le contexte économique est éminemment important dans le secteur privé. Sur le plan macroéconomique, le taux de change, les taux d'intérêt, le taux d'augmentation des prix, le taux d'emploi et les politiques de prix et de revenus sont des déterminants importants qu'on a, trop souvent hélas, tendance à oublier. Au niveau microéconomique, ces défis sont ceux que nous avons présentés dans notre modèle synthèse d'estimation du pouvoir de négociation au chapitre 3.

D'autres variables sont également souvent oubliées. Le profil démographique de la main-d'œuvre, la hausse du taux d'activité des femmes et l'ethnicité posent aussi des défis à la négociation collective.

L'approche politique en représente un autre. Les orientations idéologiques adoptées détermineront le niveau et le genre d'intervention étatique sur les marchés et sur la négociation collective. Cela est très important dans les dilemmes que l'État doit vivre dans son rôle d'intervenant en contexte d'objectifs conflictuels.

On doit aussi tenir compte de l'environnement technologique, vu son importance sur l'organisation du travail et les menaces qu'il peut soulever eu égard à la sécurité d'emploi.

Finalement, le régime juridique peut être très contraignant pour la négociation collective de façon positive ou négative, c'est-à-dire en favorisant son épanouissement ou en le limitant. Le défi ultime à ce chapitre est celui des chartes.

Les limites de la négociation collective sont nombreuses. Nous en avons présenté les principales. D'abord, il faut être syndiqué pour avoir accès à la négociation collective, d'où la limite à l'atteinte de ses objectifs que représente le taux de syndicalisation. Ensuite, la négociation collective n'est pas un substitut à tous les droits de gérance exercés par l'employeur.

Les gens se syndiquent et négocient pour se protéger. Or, le pire des dangers est celui de perdre son emploi. Et, à ce chapitre, la négociation collective est, en bout de ligne, impuissante face aux fermetures totales ou partielles d'entreprises et aux licenciements qu'elles entraînent. Cette incapacité de réellement protéger les travailleurs, la négociation collective la vit également eu égard aux changements technologiques dans un contexte passant de la production de masse à la spécialisation flexible.

Finalement, non seulement la négociation collective ne crée pas d'emploi, mais elle doit vivre souvent dans un contexte de rareté d'informations sur les principales variables affectant le devenir des parties en présence.

Malgré tous ces défis et limites, la négociation collective survit, évolue et continue à assumer son rôle de régulation sociale.

QUESTIONS

1. Montrez comment les politiques macroéconomiques (politiques fiscales, monétaires et de revenu) influencent le processus de la négociation collective.

2. Comment la démographie influence-t-elle la négociation collective ?

3. Quel genre de contraintes à la négociation collective impose l'approche politique d'un gouvernement ?

4. Quelles sont les répercussions des chartes des droits et libertés sur la négociation collective ?

5. Présentez les principales limites à la négociation collective.

LECTURES SUGGÉRÉES

• BOURQUE, Raynald (1996), « Les nouvelles tendances de la négociation collective en Amérique du Nord », dans Murray, G., M.-L. Morin et I. Da Costa (dir.), *L'État des relations professionnelles traditions et perspectives de recherche*, Sainte-Foy, Les Presses de l'Université Laval, p. 329-350.

• JENSEN, Vernon (1963), « The Process of Collective Bargaining and the Question of its Obsolescence », *Industrial and Labor Relations Review*, vol. 16, n° 4, p. 546-556.

• LAFLAMME, Gilles (1974), « Changement technologique et sécurité d'emploi », *Relations industrielles/Industrial Relations*, vol. 29, n° 1, p. 111-125.

- LAFLAMME, Gilles (1975), *La Négociation collective et les limites du négociable*, Sainte-Foy, Département des relations industrielles et Les Presses de l'Université Laval, Collection relations du travail.

- MORIN, Fernand (1993), « La négociation collective selon le modèle de 1944 est-elle périmée ? », dans Bernier, C. *et al.* (dir.), *La Négociation collective du travail : adaptation ou disparition ?*, Sainte-Foy, Les Presses de l'Université Laval, p. 13-43.

CONCLUSION GÉNÉRALE :
ET PUIS... ?

> *Collective bargaining has always been shaped*
> *by fundamental shifts in the nature of work.*
>
> Joël Cutcher-Gershenfeld

La négociation collective est simplement l'extension, dans le domaine du travail, d'un processus humain fort naturel et normal dirigeant la recherche de solutions en cas de divergences d'intérêts. Elle est en outre également l'extension dans l'entreprise de cette doctrine politique qu'est la démocratie où le principe de la majorité guide les décisions et les actions. C'est précisément ce qui donne à la négociation collective tant de valeur : c'est un processus qui cherche le consentement de ceux qui vivront de ses résultats. Il s'agit d'une expérience de réelle représentation d'où découle la perception de la participation de ceux qui sont engagés dans la relation d'emploi. Ainsi, les libertés inhérentes au processus qu'est la négociation collective font partie de l'ensemble de nos libertés. Protéger la libre négociation collective contribue à préserver l'ensemble de nos libertés (Jensen, 1963).

La négociation collective a existé, existe et existera tant qu'il y aura relations d'emploi. Cependant, et c'est là son plus grand défi, elle doit continuellement s'adapter aux formes et aux allures que prend le travail, pour paraphraser la citation de Cutcher-Gershenfeld (1999) mise en exergue au début de ce chapitre. Et ce défi est d'autant plus grand que les changements dans les formes qu'a pris et prend le travail se sont faits récemment très rapidement. Cette adaptation doit en outre s'effectuer en présence d'environnements, eux-mêmes changeants dans le temps et dans l'espace.

La première manifestation de cette nécessaire adaptation, et la plus importante, vise l'approche que les parties adoptent lors de la négociation collective. Au-delà des modes, qui sont toujours passagères, la négociation collective a su adapter ses approches pour assurer la survie mutuelle des parties et les meilleurs bénéfices en chaque circonstance. Ainsi, en périodes difficiles, on a vu apparaître des approches plus coopératives dites de concession, de contrat social, de négociation raisonnée, etc. Mais la nature humaine refait surface lors de meilleures périodes. À moins d'une tradition bien ancrée de coopération, les travailleurs chercheront, de façon plus acharnée, leur juste part de la richesse à laquelle ils auront contribué.

L'adaptation de la négociation collective exige donc la compréhension des formes que prend le travail et de la nature des problèmes qui sont vécus. Par l'imagination, elle se traduira dans des approches différentes et dans des processus nouveaux.

Cependant, il existe un frein sérieux à cette nécessaire adaptation : les politiques publiques et les institutions qui encadrent notre monde du travail et de l'emploi sont encore et toujours enlisées dans la réalité des années 1930 et 1940 (Kochan, 2000). Nos lois du travail stagnent malgré l'évolution, sous différentes formes, des relations du travail et des modes d'emploi. Le défi est encore plus grand pour cette institution qu'est la négociation collective.

Notre but était ici fort modeste. Il ne s'agissait pas d'écrire un livre « pointu » sur la négociation collective ni de prétendre offrir une façon de devenir meilleur négociateur. Nous avons plutôt voulu nous arrêter sur ce qui précède le déroulement même de la négociation, c'est-à-dire les valeurs, les principes et les éléments de base de la négociation collective, processus fort important tant au niveau du travail que de la régulation sociale.

La suite logique au présent ouvrage serait d'examiner sa traduction pratique dans le déroulement d'une négociation. Il s'agirait là d'un travail immense. Mais cela est sûrement négociable...

BIBLIOGRAPHIE

Bacharach, Samuel B. et Edward J. Lawler (1981), *Bargaining Power, Tactics and Outcomes*, San Francisco, Jossey-Bass.

Barbash, Jack (1984), *The Elements of Industrial Relations*, Madison, The University of Wisconsin Press.

Barré, Alain (1988), « Le régime des rapports collectifs et les chartes », dans Blouin, R. *et al.* (dir.), *Les Chartes des droits et les relations industrielles*, Sainte-Foy, Les Presses de l'Université Laval, p. 131-156.

Bellenger, Lionel (1984), *La Négociation*, Paris, Presses universitaires de France, coll. « Que sais-je ? ».

Bernier, Colette *et al.* (dir.) (1993), *La Négociation collective du travail : adaptation ou disparition ?*, Sainte-Foy, Les Presses de l'Université Laval.

Blouin, Rodrigue (1976), « Y a-t-il encore place dans notre système de relations du travail pour l'arbitrage des différends ? », dans Bernier, J. *et al.* (dir.), *Les Relations du travail au Québec : la dynamique de système*, Sainte-Foy, Les Presses de l'Université Laval.

Blouin, Rodrique et Fernand Morin (2000), *Droit de l'arbitrage de grief*, Cowansville, Les Éditions Yvon Blais.

Boivin, Jean et Jacques Guilbault (1989), *Les Relations patronales-syndicales*, 2ᵉ édition, Boucherville, Gaëtan Morin éditeur.

Cayouette, Dany (1999), « Les nouvelles structures de négociation dans l'industrie québécoise de la construction : recul ou progrès ? », mémoire de maîtrise, Sainte-Foy, Département des relations industrielles, Université Laval.

Chamberlain, Neil W. (1951), *Collective Bargaining*, New York, McGraw-Hill.

Chamberlain, Neil W. (1955), *A General Theory of Economic Process*, New York, Harper.

Chamberlain, Neil W. et James Kuhn (1965), *Collective Bargaining*, 2ᵉ édition, New York, McGraw-Hill.

Constantin, L. (1971), *Psychologie de la négociation*, Paris, Presses universitaires de France.

Craig, Alton W. (1983), *The System of Industrial Relations in Canada*, Scarborough, Prentice Hall.

Crozier, Michel et Erhard Friedberg (1977), *L'Acteur et le système*, Paris, Seuil.

CUTCHER-GERSHENFELD, Joel (1999), « Is Collective Bargaining Ready for the Knowledge Driven Economy », *Perspective on Work*, vol. 3, n° 2, p. 20-24.

DELORME, François, Régis FORTIN et Louis GOSSELIN (1994), « L'organisation du monde patronal au Québec », *Relations industrielles/Industrial Relations*, vol. 49, n° 1, p. 9-38.

DESCHÊNES, Pierre, Jean-Guy BERGERON, Reynald BOURQUE et André BRIAND (dir.) (1998), *Négociation en relations du travail : nouvelles approches*, Sainte-Foy, Presses de l'Université du Québec.

DÉSILETS, Raymond et Pierre L'ÉCUYER (1990), « Une nouvelle approche : la médiation », dans Blouin, R. (dir.), *Vingt-cinq ans de pratique en relations industrielles au Québec*, Cowansville, Les Éditions Yvon Blais, p. 421-440.

DION, Gérard (1986), *Dictionnaire canadien des relations du travail*, 2e édition, Sainte-Foy, Les Presses de l'Université Laval.

DION, Gérard (1990), « Les grèves dans le secteur public sont devenues un problème éthique », *RND*, mars, p. 17-27.

DULUDE, Yves (1986), « Le conflit : la gestion au banc des accusées », dans Audet, Michel *et al.* (dir.), *La Mobilisation des ressources humaines : tendances et impact*, Sainte-Foy, Les Presses de l'Université Laval.

DUNLOP, John T. (1958), *Industrial Relations Systems*, New York, Henry Holt.

DUSSAULT, Ginette (1997), « Analyse microéconomique du marché du travail », Sainte-Foy, Département des relations industrielles, Université Laval, miméo.

EDGEWORTH, Francis Y. (1881), *Mathematical Psychics*, London, C. K. Paul.

FLANDERS, Allan (1968), « Éléments pour une théorie de la négociation collective », *Sociologie du travail*, n° 1.

FOISY, Claude H. (1986), *La Médiation pré-arbitrale des griefs : un aperçu de l'expérience canadienne et américaine*, Montréal, Corporation des conseillers en relations industrielles du Québec.

FUSTIER, Michel (1975), *Le Conflit dans l'entreprise*, Paris, ESF.

GOLDBERG, Steven et Jeanne BRETT (1982), *An Experiment in the Mediation of Grievances*, Chicago, Northwestern University Press.

HARE, Anthony E. C. (1958), *The First Principles of Industrial Relations*, London, Macmillan.

HARVARD BUSINESS REVIEW (2000), « Negotiation and Conflict Resolution », *A Harvard Business Review Paperback*, Boston.

HÉBERT, Gérard (1992), *Traité de négociation collective*, Chicoutimi, Gaëtan Morin éditeur.

HÉBERT, Gérard et Janine VINCENT (1980), *L'Environnement et le jeu des personnalités dans les négociations collectives*, Montréal, Université de Montréal, École de relations industrielles, monographie n° 7.

HICKS, John Richard (1932), *The Theory of Wages*, London, Macmillan.

JENSEN, Vernon H. (1963), « The Process of Collective Bargaining and the Question of its Obsolescence », *Industrial and Labor Relations Review*, vol. 16, n° 4, p. 546-556.

KEABLE, Jacques (1998), *Le Monde selon Marcel Pepin*, Montréal, Lanctôt éditeur.

Kervin, John (1988), « Sociologie, psychologie et relations industrielles », dans Hébert, G., H. C. Jain et N. M. Meltz (dir.), *L'État de la discipline en relations industrielles au Canada*, Montréal, École de relations industrielles, Université de Montréal, monographie n° 19.

Kochan, Thomas A. (2000), « Building a New Social Contract at Work : A Call for Action », *Proceedings of the 52nd Annual Meeting*, Madison, IRRA, p. 1-25.

Kochan, Thomas A. et Harry C. Katz (1988), *Collective Bargaining and Industrial Relations*, Homewood (Ill.), Irwin.

Kolb, Deborah M. (1983), *The Mediatiors*, Cambridge, MIT Press.

Konvitz, Milton R. (1948), « An Empirical Theory of the Labor Movement : W. Stanly Jevons », *The Philosophical Review*, vol. 57, n° 1, p. 59-76.

Laflamme, Gilles (1974), « Changement technologique et sécurité d'emploi », *Relations industrielles/Industrial Relations*, vol. 29, n° 1, p. 111-125.

Laflamme, Gilles (1975), *La Négociation collective et les limites du négociable*, Sainte-Foy, Département des relations industrielles et Les Presses de l'Université Laval, Collection relations du travail.

Lebel, Pierre (1984), *L'Art de la négociation*, Paris, Les Éditions de l'Organisation.

Maheu, Louis (1991), « Nouveaux mouvements sociaux, mouvement syndical et démocratie », *Les Pratiques sociales au Québec*, Sainte-Foy, Presses de l'Université du Québec.

Ministère du travail du Québec (1996), *Le Marché du travail*, janvier-février, Québec.

Ministère du travail du Québec (2000), *Rapport annuel 1999-2000*, Québec.

Morin, Fernand (1980), « La négociation de bonne foi (une illustration des limites du droit) », *La Négociation collective en question*, 11ᵉ colloque des relations industrielles, Montréal, Université de Montréal.

Morin, Fernand et Jean-Yves Brière (1998), *Le Droit de l'emploi au Québec*, Montréal, Wilson et Lafleur.

Murray, Gregor, Marie-Laure Morin et Isabel Da Costa (dir.) (1996), *L'État des relations professionnelles : traditions et perspectives de recherche*, Sainte-Foy, Les Presses de l'Université Laval.

Olson, Mancur (1978), *Logique de l'action collective*, Paris, Presses universitaires de France.

Pen, Jan (1952), « A General Theory of Bargaining », *The American Economic Review*, vol. 42, n° 1, p. 22-42.

Pen, Jan (1959), *The Wage Rate under Collective Bargaining*, Cambridge, Harvard University Press.

Pepin, Marcel (1983), *La Médiation pré-arbitrale en matière de conflits de droit (griefs)*, Montréal, École de relations industrielles de l'Université de Montréal.

Pepin, Marcel (1996), « Il ne suffit pas d'avoir raison... », dans Bélanger, J. *et al.* (dir.), *Innover pour gérer les conflits*, 51ᵉ congrès des relations industrielles, Sainte-Foy, Les Presses de l'Université Laval, p. 195-198.

Pigou, Arthur C. (1905), *Principles and Methods of Industrial Peace*, London, Macmillan.

PIORE, Michael J. et Charles T. SABEL (1984), *The Second Industrial Divide*, New York, Basic Books.

PLANTE, Gilles (1984), *Le Conflit du travail, stratégie et tactique*, Sainte-Foy, Département des relations industrielles, Les Presses de l'Université Laval, Collection relations du travail.

REYNAUD, Jean-Daniel (1991), « Pour une sociologie de la régulation sociale », *Sociologie et sociétés*, vol. 23, n° 2, p. 13-26.

REYNAUD, Jean-Daniel (1995), *Le Conflit, la négociation et la règle*, Toulouse, Éditions Octares.

ROJOT, Jacques (1994), *La Négociation*, Paris, Librairie Vuibert.

RONDEAU, Claude (1995), « Recueil de notes », 2e édition, Sainte-Foy, Département des relations industrielles, Université Laval.

ROSE, Joseph B. (2000), « The Ghost of Interest Arbitration », *Canadian Labour and Employment Law Journal*, vol. 8, n° 2, p. 253-289.

ROSS, Claudette (1990), « La conciliation, un mode de règlement encore mal connu », dans Blouin, R. (dir.), *Vingt-cinq ans de pratique en relations industrielles au Québec*, Cowansville, Les Éditions Yvon Blais, p. 397-417.

ROSS, Claudette et Michel BROSSARD (1995), « L'influence des objectifs et des comportements des parties sur l'efficacité de la conciliation : le mythe de la boîte noire revu et corrigé », *Relations industrielles/Industrial Relations*, vol. 50, n° 2.

SEXTON, Jean (1987), « First Contract Arbitration in Canada », *IRRA Proceedings of the 1987 Spring Meeting*, Madison, IRRA.

SEXTON, Jean (1987), « L'arbitrage de première convention collective au Québec : 1978-1984 », *Relations industrielles/Industrial Relations*, vol. 42, n° 2, p. 272-289.

SEXTON, Jean (1991), « First Contract Arbitration : A Canadian Invention », *Labour Arbitration Yearbook*, Totonto, Butterworths.

Stevens, Carl M. (1966), « Is Compulsory Arbitration Compatible with Bargaining », *Industrial Relations*, vol. 5, n° 2, p. 38-52.

SUN, Tzu, (1972), *L'Art de la guerre*, Paris, Flammarion.

THÉRIAULT, Roland et Sylvie ST-ONGE (2000), *Gestion de la rémunération : théorie et pratique*, Boucherville, Gaëtan Morin éditeur.

THUDEROZ, Christian (2000), *Négociations : essai de sociologie du lien social*, Paris, Presses universitaires de France.

TOUZARD, Hubert (1977), *La Médiation et la résolution des conflits. Étude psychosociologique*, Paris, Presses universitaires de France.

VON CLAUSEWITZ, Carl (1955), *De la guerre*, traduit de l'allemand par Denise Naville, Paris, Les Éditions de minuit.

WALTON, Richard E. et Robert B. MCKERSIE (1965), *Theory of Labor Negotiation : An Analysis of a Social Interaction System*, New York, McGraw-Hill.

WALTON, Richard E., Joel E. CUTCHER-GERSHENFELD et Robert B. MCKERSIE (2000), *Strategic Negotiations : A Theory of Change in Labor-Management Relations*, Ithaca (N.Y.), ILR Press.

WEBB, Beatrice (1891), *The Cooperative Movement in Great Britain*, London, George Allen and Unwin.

WEBB, Sydney et Beatrice WEBB [1897] [1902] (1920), *Industrial Democracy*, London, Longmans.

WEILER, Paul C. (1980), *Reconciliable Differences : New Directions in Canadian Labour Law*, Toronto, Carswell.

ZEUTHEN, Frederick (1930), *Problems of Monopoly and Economy Welfare*, London, John Routledge and Sons.

AGMV Marquis

MEMBRE DE SCABRINI MEDIA

Québec, Canada
2001